LIBRAIRIE DE LAMARCHE ET DROUELLE
A DIJON.

HISTOIRE

DU

QUARTIER DU BOURG

PAR

M. JOSEPH GARNIER,

Archiviste de la ville de Dijon,

Correspondant historique du Ministère de l'Instruction publique.

Dijon compte un grand nombre de rues remarquables par leur largeur, la beauté des édifices qui les décorent, par les élégants magasins qui les embellissent; mais, à coup sûr, il n'est pas, dans toute la capitale de l'ancienne Bourgogne, de quartier dont la renommée soit plus étendue et plus populaire que celui du Bourg.

Bazar de la boucherie depuis les temps les plus reculés, asile permanent des tripiers, rendez-vous général et obligé des ménagères, centre de la ville, ruche où bourdonne un innombrable essaim de gais et malins habitants, le quartier du Bourg est fameux entre tous les autres.

Sa haute antiquité, l'importance du rôle qu'il a joué dans les affaires de notre cité, les renseignements curieux dont ses annales abondent, méritaient qu'il eût enfin un historien.

Plus favorisé que les rues ses rivales, il a trouvé un habile historiographe dans l'un de ses enfants, qui, malgré son émigration vers les parages lointains de la place Saint-Bénigne, fait bien voir, en cette occasion,

<blockquote>A tous les cœurs bien nés, que la patrie est chère!</blockquote>

Nous sommes heureux d'offrir à notre ville, et en particulier au quartier du Bourg, cette œuvre nouvelle de notre savant et laborieux archiviste.

Que les autres quartiers n'en soient pas jaloux. Si le succès répond à nos espérances, nous comptons bien les gratifier un jour d'excursions historiques poussées bien au-delà des défilés de la rue Dauphine et de la rue des Étioux.

Dijon, le 1er juillet 1853.

Nota. — L'*Histoire du Quartier du Bourg*, imprimée à 150 exemplaires seulement, formera un petit volume in-8º du prix de 2 francs, et paraîtra dans le courant d'août prochain. Les personnes qui ont l'intention de faire l'acquisition de cet intéressant volume feront bien, en raison du nombre indiqué ci-dessus, de se faire inscrire à l'avance

A LA LIBRAIRIE DE LAMARCHE ET DROUELLE,

place Saint-Étienne, à Dijon.

Dijon, imp. Loireau-Feuchot.

HISTOIRE

DU

QUARTIER DU BOURG.

OUVRAGES DU MÊME AUTEUR.

Rapport à M. le Ministre de l'Instruction publique sur les Archives municipales de la ville de Beaune. — Beaune, 1839. — Brochure in-8º.

Rapport à MM. les Membres de la Commission administrative des Hospices civils de Dijon sur les Archives de ces établissements. — Dijon, 1839. — Brochure in-12.

Rapport sur le cours du Suzon et les différents bras de ce torrent qui ont traversé la ville de Dijon depuis les Romains jusqu'à nos jours.
Histoire du château et du village de Gilly-lez-Cîteaux, canton de Nuits.
<small>Ces deux ouvrages sont insérés dans les Mémoires de la Commission des Antiquités du département, t. I, pages 181 et 243. — Dijon, Lamarche, 1841. — 1 vol. in-4º.</small>

Les Compagnons de la Coquille, chronique dijonnaise du XVe siècle. — Dijon, Duvollet-Brugnot, 1842. — Brochure in-8º.

Chartes bourguignonnes inédites des IXe, Xe et XIe siècles, extraites des manuscrits de la Bibliothèque publique de Dijon et des Archives départementales de la Côte-d'Or, recueillies et expliquées dans une introduction historique. — Paris, imprimerie royale, 1845. — 1 vol. in-4º.
<small>Ouvrage couronné, en 1843, par l'Institut au concours des antiquités nationales, et inséré dans les Mémoires des Savants étrangers publiés par l'Académie des inscriptions.</small>

Lettres d'Etienne Bernard, maire de Dijon, sur l'assemblée des états-généraux de la Ligue, en 1593. — Paris, 1850. — Brochure in-8º.

Le château de Talant, monographie. — Dijon, Douillier, 1852. — Brochure in-4º avec planches.
<small>Extrait du 3e volume des Mémoires de la Commission des Antiquités de la Côte-d'Or.</small>

Notice sur quelques sceaux des abbayes de Cîteaux et de Morimond, insérée dans le tome II du Recueil de la Société de Sphragistique. — Paris, 1853. — 1 vol. in-8º.

Notice historique sur la Maladière de Dijon. — Dijon, Lamarche et Drouelle, 1853. — Brochure in-8º avec planches.
<small>Extrait des Mémoires de l'Académie de Dijon, 1853.</small>

HISTOIRE

DU

QUARTIER DU BOURG

PAR

M. JOSEPH GARNIER,

Archiviste de la ville de Dijon,

CORRESPONDANT DU MINISTÈRE DE L'INSTRUCTION PUBLIQUE.

DIJON

LAMARCHE ET DROUELLE, LIBRAIRES-ÉDITEURS

place Saint-Étienne.

1853

A la Mémoire de mon Père,

Antoine Garnier,

Qui a passé dans le Bourg la plus grande partie de son existence.

Il existe au centre de Dijon un quartier dont les dangereuses bâtisses et certains métiers qui s'y exercent sont, au moindre bruit de peste ou d'incendie, une cause permanente d'effroi pour toute la ville : ce quartier, chacun l'a deviné, c'est la rue du Bourg, avec ses deux annexes, la rue Dauphine, la rue des Etioux.

La plupart des rues de Dijon offrent à l'étranger qui les visite, celle-ci un monument public, celle-là un hôtel ou une maison remarquables soit par leur construction, soit par le souvenir des personnages qui y naquirent ou les habitèrent. Le Bourg, lui, n'a sous ce rapport rien à envier aux autres quartiers. Il peut montrer avec orgueil la maison qui vit naître La Monnoye et un précieux échantillon de l'art de la Renaissance. Ses bancs mêmes, d'aspect si repoussant, ne sont point indignes de l'attention de l'économiste et de l'historien. Ils ont été durant des siècles le centre unique d'un commerce important, dont la ville et la banlieue étaient tributaires : longtemps ceux qui les occupaient luttèrent, et lassèrent pour s'y maintenir la toute-puissante magistrature municipale. Aussi cette rue occupe-t-elle une large place dans les annales de la cité. Aucune n'a appelé si souvent l'attention de nos édiles; aucune enfin n'a conservé plus longtemps cette physionomie particulière qui jadis donnait à chaque quartier un caractère si distinct. Le tableau de ces coutumes dont le souvenir va s'effaçant de plus en plus; l'aspect du quartier qui, sous l'empire de besoins nouveaux, se transforme tous les jours; le nombre, l'intérêt des documents que j'ai recueillis sur ce sujet, et (le dirai-je?) une sorte d'affection pour un quartier habité depuis plus de soixante ans par ma famille, m'ont inspiré la pensée de ce petit travail, tout d'intérêt local, que j'offre à mes compatriotes comme un spécimen de mes études sur le vieux Dijon.

HISTOIRE

DU

QUARTIER DU BOURG.

CHAPITRE PREMIER.

Le *Castrum divionense*. — Chemin de la porte aux Lions à la Portelle. — Cours du Suzon. — Terrain entre les deux lits du torrent. — Agrandissement de Dijon. — Incendie de 1137. — Etablissement de la boucherie. — Maisons du Bourg. — Bans, intérieur, mobilier, costumes des bouchers. — *Tueurs* ou abattoirs particuliers. — Réception des bouchers. — Police de la boucherie. — Boutiques du Bourg. — Marchés de la rue. — Immondices ; la rue du Bourg aux XIVe et XVe siècles ; mesures contre l'incendie. — Mœurs du quartier. — Lutte des bouchers contre la Mairie, au sujet du métier. — Etablissement de l'abattoir général. — Règlements concernant le marché du bétail. — Mesures contre la peste. — Le Bourg au XVIe siècle. — La peste au Bourg. — Taxe ; essais de la viande. — Boucherie de Carême. — Protestants. — Les bouchers sous la Ligue.

Aux temps où Dijon ne dépassait point les limites du *Castrum*, la porte aux Lions, située près de l'angle nord-ouest de l'enceinte, donnait issue à deux grands chemins. Celui tendant au nord rejoignait la voie romaine de Langrès au-dessus de la Maladière (1); l'autre, qui prit plus tard le nom de *Chemin de France,* se dirigeait sur l'ouest. A quelques pas de la porte, un embranchement reliait ce dernier chemin avec ceux qui, partant de la *Portelle,* conduisaient à l'Ouche (2) ou au monastère de Saint-Bénigne (3).

Le torrent du Suzon, dont le cours naturel avait été diverti au-dessus de l'enclos des Jacobins, pénétrait dans la place, non loin de la porte aux Lions, traversait le *Castrum*, qu'il entourait également, pour sortir près de la porte opposée. L'ancien lit servait à l'écoulement des grandes eaux (4).

L'espace situé à l'ouest du torrent s'appelait *Burgus, claustrum, cimiterium* (5). Longtemps, mais toujours en vain, les clercs de Saint-Etienne en disputèrent la possession aux moines de Saint-Bénigne. Cependant, si l'on en juge par la circonscription des anciennes paroisses, il paraîtrait que les deux parties, dans l'impossibilité de prouver qui, du canal artificiel ou du cours naturel du Suzon,

---

(1) C'est sur ce parcours que furent établies dans la suite les rue et place Notre-Dame, la rue de la Préfecture, la place Saint-Nicolas et la rue Sainte-Catherine.

(2) En descendant la rue Berbisey dans toute sa longueur jusqu'à la porte Nanxion; ou à la porte d'Ouche, en suivant le bord du Suzon depuis la rue Crébillon.

(3) Par la rue Piron et la place Saint-Jean.

(4) Voir mon Rapport sur le cours du Suzon, inséré dans les Mémoires de la Commission des Antiquités, t. I, p. 181.

(5) Ibidem. — En 1840, les travaux pour l'établissement de l'aqueduc des fontaines dans la rue du Bourg amenèrent la découverte, vis-à-vis la maison portant le n° 74, et à trois mètres de profondeur, d'une amphore d'un demi-mètre de hauteur sur 1 mètre 50 cent. de circonférence, laquelle renfermait des ossements de mouton et une trentaine de médailles romaines, entre autres de Claude, de Néron, de Domitien, de Trajan et de Maximin. Ce dernier régna de 235 à 237.

devait être la limite du *Burgus*, se partagèrent amiablement le terrain situé entre les deux lits. D'où il arriva que la plus grande partie du chemin de communication extérieure entre les deux portes du *Castrum* fut attribuée à l'abbaye de Saint-Etienne, et que celle de Saint-Bénigne eut pour son lot l'espace le plus voisin de la *Portelle*. En un mot, la première fut comprise plus tard dans la circonscription de la paroisse Notre-Dame, et l'autre fut réunie à celle de Saint-Jean.

L'acquisition de Dijon sur les évêques de Langres, la volonté des Ducs d'en faire la capitale de leurs Etats, contribua singulièrement à agrandir sa population. Le *Castrum* ne suffisant plus, on bâtit au dehors, le long des voies de communication. Bientôt Dijon compta trois nouveaux quartiers : à l'ouest le Bourg de Saint-Bénigne, comprenant aussi la *Chrétienté*, c'est-à-dire les environs de l'église Saint-Jean; au nord et à l'est, les faubourgs dépendant de l'abbaye de Saint-Etienne; la Vicomté au midi.

Après l'incendie de 1137, les Ducs englobèrent ces différentes parties dans une seule enceinte. Le *Castrum* subsista toujours; mais on rejeta le Suzon dans son lit naturel. Le Chemin de France fut reporté au-delà de la nouvelle porte Guillaume, et l'espace intermédiaire aux abords du Suzon baptisé du nom de rue des Forgerons, *vicus fabrorum*.

L'emplacement compris entre cette nouvelle rue, le lit naturel du Suzon, les fossés du *Castrum* et le chemin de la Portelle à Saint-Bénigne, devint le *Burcus* des actes du XIIe siècle (1). Sa position au centre de ces quartiers de

---

(1) *Domus in Burco;* 1195, tit. de la chap. aux Riches; — *Domus cum*

juridiction différente (1) contribua au rapide accroissement de sa population; un commerce actif s'y établit, et la propriété y obtint bientôt une si grande valeur, qu'au siècle suivant la plupart des communautés religieuses de la ville y possédaient des maisons (2).

Les nécessités de la défense du *Castrum* ne permettant pas d'en masquer les approches, on bâtit d'abord entre le chemin et la rive gauche du Suzon; on établit seulement vis-à-vis, une longue file d'étaux ou bancs pour l'exposition des marchandises. Peu à peu les bouchers, qu'on y voit figurer dès le commencement du XIIIe siècle, en accaparèrent la plus grande partie, et finirent même par imposer à la rue le nom de leur industrie : *rue du Grand-Bourg de la Boucherie, rue de la Grande-Boucherie;* néanmoins, le plus ancien, celui de *rue du Bourg*, c'est-à-dire de rue conduisant au *bourg de Saint-Bénigne*, a prévalu (3).

Ceux qui, de nos jours, traversent ce quartier en hâtant le pas, pour échapper plus vite à ses nauséabondes exhalaisons, auront peine à croire que cet état de choses, dont on réclame à bon droit la fin, n'est qu'une image bien affaiblie de la réalité qu'en ont tracée les écrits des XIV et XVe siècles. En ce temps-là, la rue du Bourg, sauf les débou-

---

banco in Burgo Divionis; 1226, tit. des abb. de Saint-Bénigne et de Saint-Etienne.

(1) Le *Castrum* dépendait du duc, la paroisse Saint-Jean de l'abbaye Saint-Bénigne. La paroisse Notre-Dame appartenait à l'abbaye de Saint-Etienne, et la Vicomté, qui venait aboutir à la place Saint-Georges, formait une juridiction particulière.

(2) La Sainte-Chapelle, notamment, en avait une grande partie, entre autres celle n° 15, qu'elle acquit avec le prix de l'anniversaire fondé par Agnès, fille de saint Louis, duchesse de Bourgogne.

(3) Les titres de toutes les propriétés du Bourg sont unanimes sur ce point.

chés de la porte aux Lions, des rues Dauphine et des Etioux, alors simples ruelles sans nom (1), présentait deux lignes de masures noires, basses, profondes, mal éclairées, bâties de bois et de torchis, toutes séparées les unes des autres par des *allées* aboutissant à droite au cours du Suzon, à gauche sur le fossé du *Castrum*. C'est de ce côté, et sur le même emplacement qu'ils occupent aujourd'hui, qu'étaient, comme nous venons de le dire, disposés les *bans à vendre chair*.

Ces bancs, si fameux dans les traditions dijonnaises, méritent, tout hideux qu'ils sont, de nous arrêter un instant. Placés sur la voie publique, la Mairie apporta toujours une surveillance active à leur établissement (2) ; et quand, plus tard, elle autorisa les bouchers, pour se préserver des intempéries, à *édifier en haut et sur colonnes*, c'est-à-dire à bâtir au-dessus des bancs, ce fut toujours sous la condition expresse de n'apporter aucun préjudice au passage, maintenant couvert, qui sépare ces bancs des maisons, servitude attachée encore aujourd'hui à ces propriétés, et qui n'a pas peu contribué au maintien de l'état de choses actuel (3).

---

(1) Voir plus bas l'article consacré à chacune de ces rues.
(2) Registres des délibérations de la Chambre de ville des années 1425, 1426, 1559, 1560, 1572, 1626, 1631, 1764, etc.
(3) Ibid., des années 1425, 1426, 1559, 1572, 1575, 1626, 1631, 1764. Comptes du receveur municipal, 1408 à 1409.
La ville était propriétaire des trois premiers bancs. C'est dans le bail à cens emphytéotique qu'elle en passa au mois d'octobre 1427 aux religieux de Saint-Bénigne, possesseurs des maisons situées derrière, que se trouvent exprimées les clauses rapportées plus haut. Quant à la mention du passage, elle existe dans toutes les reconnaissances de cens et autres titres relatifs aux maisons de ce côté de la rue.
En 1433, la Mairie renouvela au boucher Macé de Montrousseau le bail à cens passé aux religieux de Saint-Bénigne, dont il était le locataire,

Ces maisons que, dans le principe, les bouchers occupaient seuls, furent pour ainsi dire bâties sur le même plan. Une cour intérieure les divisait en deux portions : celle affrontant la rue était occupée par la famille, l'autre servait à l'exercice du métier. En voici la description, calquée d'après la vue des lieux et l'examen de nombreux actes de propriété. La première pièce faisant suite au banc était garnie de râteliers; on y déposait les viandes après la fermeture du marché. Venait ensuite une grande chambre où la famille s'assemblait et prenait ses repas. Le coffre au sel et d'immenses *arches* (grands coffres) remplies de *linceuls* (draps de lit, grands linges), *toailles* (tabliers, serviettes), *tergeures* (essuie-mains, torchons) et autres linges garnissaient son pourtour (1). Le milieu était occupé par une longue et massive table, entourée de bancs et de *selles* (chaises en bois). La poterie n'apparaît sur le *dresseur* (dressoir) qu'à la fin du XVe siècle; les plats, les écuelles, les pintes sont en étain; chez les ri-

---

et cela d'après une demande formelle du duc Philippe-le-Bon, ainsi conçue :

« A nos très chiers et bien amez les maire et eschevins de notre
« ville de Dijon.

« Très chiers et bien amez. Autresfois, à notre prière et requeste, avez
« accordé et consentis à notre ami Macé de Montrousseau, marchant de
« nostre hostel, de faire faire et ediffier devant son hostel en notre ville
« de Dijon deux hestaulx ou bans de boucher, parmy en paiant chacun
« an 100 s. t. Et pour ce que avons entendu que iceulx 100 sols avez en
« propos de transporter en autre main que la votre, nous vous prions et
« requerons très acertes que ou cas que en vouldriez faire aucun trans-
« port, que en faveur des services que icellui Macé nous a fait et fait cha-
« cun jour, vous la lui baillez et transportez pour tel pris et somme rai-
« sonnable que ung aultre en vouldroit donner, sans y vouloir faire quelque
« faulte. Très chiers et bien amez, N. S. soit garde de vous. Escript à
« Arch en Barrois, le XIIIIe de may. Signé Phe [lippe]. »

(1) Tous ces détails sur le mobilier ont été recueillis dans les inventaires après décès des bouchers, dressés par l'autorité municipale.

ches figurent de plus les *garde-nappes*, dont celui *servant à chauffer la viande sur table* est en cuivre. Une paire d'andains (grands chenets) en fer ouvragé occupe le foyer, dont la haute tablette est ornée de lampes à becs, de chandeliers en cuivre à une, deux, même quatre *doilles façon d'Alemaingne*. A côté, et comme la chambre éclairée par la cour, est la cuisine, où sont rangés les pots de cuivre, le seau avec son bassin, la *dinanderie* (1) comme *chauderottes, coquemars, coquasses, paelles* (poëlons), *paëlottes* (casserolles), *escraymeures* (écumoires), *hâtes* (broches ou brochettes), *loichefroye* (lèchefrite), et autres ustensiles. Mais toutes les magnificences du ménage sont renfermées dans la *chambre haute devant*, ordinairement la chambre conjugale. Là, les parois des murailles sont tendues de *cortines;* deux châlits garnis de lits de plume, *coultres, cussins, oroillés ouvrez, coultrepointes* y dressent leurs *ciers* (ciels) entourés de *cortines* de serge. En tête de chaque lit, une chaire avec son escabeau. Des arches historiées qui décorent l'appartement, l'une renferme les habillements du maître; ses robes de couleur mi-partie fourrées de *cuissettes* d'agneaux noirs, ses pourpoints de futaine, ses chaperons avec ou sans corne, son manteau. Une autre contient l'*aubergeon*, la *salade*, les *garde-bras*, la hache, l'épée, l'arc, la trousse, enfin tout le harnois dont il se revêt quand, sur l'ordre de son dizenier, il va faire *guet et escharguet* sur la muraille en *temps d'éminent péril*. Celles consacrées à la maîtresse du logis sont encore plus curieuses à visiter, et, certes! les meubles ne suffisaient plus, quand ces riches bouchères étalaient leurs chaperons aux couleurs tranchantes, leurs *couvre-*

---

(1) On appelait ainsi la batterie de cuisine originairement fabriquée à Dinant, en Belgique.

chiefs (coiffes) de fine toile de *chenove* (chanvre), leurs robes fourrées de *gros vair* ou d'*escureuls* rouges, leurs *peliçons* (pelisses) de dos de *connils* (lapin), leurs *pauliots* (sorte de mante); et quand de l'*archotte* ou du petit *buffet à enchastres*, gardé au plus secret de l'appartement, elles sortaient le *demicin* (ceinture avec des pendants), la courroye, la bourse, l'*espaulier* (sorte de fichu), brodés en argent, les bagues de toute sorte, les patenôtres (chapelet attaché à la ceinture) d'ambre fin, enfin tous les joyaux enfouis avec les cuillers, les tasses d'argent, les *hanaps de madre* (1) et les couteaux à manche d'ivoire rehaussés de *vires* en argent, dont on ne se servait qu'aux jours de grande solennité.

Les chambres du reste de l'étage, meublées beaucoup plus modestement, étaient occupées par les membres de la famille et les aides de la boucherie.

En première ligne des bâtiments de service, et prenant jour sur la cour, figurait d'abord le *châs* (2) ou *chaudoire*, dont ce dernier nom explique la destination; une table ou plutôt un étal en occupait le milieu. Une vaste cheminée, avec son *cromascle* (cremaillère), ses *andains* et les trépieds, recevait les chaudières de cuivre *à anneaux et à anses*, servant à la cuisson des tripailles. Autour on voyait rangés les *paelles* à *menevelle*, les *paelles* en cuivre blanc ou

---

(1) Le hanap était un vase en forme de calice porté sur un pied et le plus souvent accompagné d'un couvercle. M. Douet d'Arcq, dans un savant article inséré dans la Bibl. de l'Ecole des chartes, IIIe série, t. 4, p. 125, pense qu'on a pu désigner sous ce nom diverses pierres translucides, jaspées, tigrées, *madrées*, celles du genre de l'agate, par exemple.

(2) On désignait en Bourgogne sous le nom de châs l'intervalle qui sépare les fermes de la charpente d'un comble; ainsi on disait une grange de tant de châs pour une grange de tant de longueur.

noir, les paellotes (casserolles), les pelles de fer, les mortiers, le *rouaule* (1), etc. A côté se trouve la *chambre des lards* ou *lardier*, dans laquelle le lard est gardé dans des muids. A la suite, et ouvrant sur la ruelle qui fut plus tard la rue des Etioux, était d'abord l'*estaule* (étable) du bétail, et à côté l'*escorcherie* ou le *tueur*, c'est-à-dire l'abattoir, qui, dans la belle saison, avait lieu dans la ruelle même; tellement qu'on pourrait dire que son sol a été formé autant du fumier que du sang et des débris des animaux qui y furent abattus.

Nul, dès le XIVe siècle, ne pouvait *vendre chair* qu'au Bourg, et il n'acquérait ce droit qu'après avoir été examiné par les jurés du métier, donné *le mangier aux compaignons* (2) et payé l'*écuelle* au maire, remplacée plus tard par une somme de 100 sols. En 1740, les récipiendaires furent tenus de prêter serment devant ce magistrat et en reçurent des lettres d'institution (3). Les fils de maîtres succédant à leurs pères, et reconnus *ydoines et souffisans*, étaient seuls exempts de ces droits, ainsi que les veuves ayant des enfants mâles; mais elles perdaient cet avantage en se remariant à autre qu'à un boucher (4).

Les jurés visiteurs, choisis à tour de rôle parmi les bouchers exerçants, étaient, comme ceux de la première classe

---

(1) Cet instrument, que dans les campagnes on appelle encore *riaule*, sert à retirer la braise du four; c'était aussi une sorte de racloire emmanchée dont les bouchers se servaient pour décrotter les bancs et enlever la boue de la rue. On l'appelait aussi *reable*.
(2) Délibération de la Chambre de ville du 21 septembre 1388; ordonnances des 27 août 1417 et 29 janvier 1469-70. — En payant 10 fr. au trésor de la confrérie, le récipiendaire était dispensé de ce dîner.
(3) Pour lesquelles ils payaient 10 fr., dont le maire prenait la moitié et laissait l'autre aux jurés du métier.
(4) Ordonnance du 29 janvier 1469-70.

des métiers, présidés par un échevin désigné par le maire le jour même de son installation. Leur surveillance, disons-le à l'honneur de notre ancienne édilité, fut constamment rigoureuse, car les *amendes de la boucherie* eurent toujours dans les comptes du receveur municipal un chapitre spécial où le mot *néant* ne s'inscrivit jamais.

Tous les matins la cloche de la première messe de l'église Notre-Dame, à laquelle répondait aussitôt la cloche élevée au milieu même du Bourg (1), annonçait l'ouverture du marché : les étaux se couvraient de viande. Cette viande, qui alors se débitait au morceau, devait, d'après les règlements (2) « *être bonne, convenable, pour user de* « *bonne mort, c'est-à-dire provenir d'un animal venu à ses* « *pieds, pouvant boire et manger, et de grasse essuite* » (convenable). Les *chatrons* (moutons), accrochés au râtelier, devaient être *royés* (rayés) de travers, pour les distinguer des *coillus* et brebis, qui, eux, devaient l'être en long (3). La vieille viande, saupoudrée de sel, était disposée dans des écuelles derrière la *chair fresche* (4). Presque aussitôt paraissaient les visiteurs ; l'abattoir, l'échaudoir, le banc, rien ne devait échapper à leurs investigations. Le soufflement des bêtes étant considéré comme nuisible à la santé, toute contravention était sévèrement pu-

---

(1) Ordonn. du 27 août 1417. Délib. de la Ch. de ville des années 1424 et 1432. Cette cloche, suspendue au-dessus de la maison qui porte aujourd'hui le n° 44, et qui à cette époque était la maison de la confrérie des bouchers et leur lieu de réunion, servait aussi à convoquer cette assemblée. On devait la sonner en cas d'alarme ou d'incendie ; hors ces cas prévus par les règlements, toute sonnerie était défendue sous peine de mort. En 1792, cette cloche fut dépendue et convertie en monnaie.

(2) Ordonn. du 27 août 1417 et du 29 janvier 1469-70.

(3) Un règlement du 13 juin 1516 remplaça le *royement* par une broche mise en travers des *coillards* et brebis.

(4) Ordonnances du 18 juillet 1390 et 27 août 1417.

nie (1). Le boucher trouvé allant au-devant des marchands de bétail; celui surpris jetant le sang et des débris d'animaux dans le Suzon, ou tuant *viande en surjour* (2), ou bien faisant *signes de boictes en vaiches, treues ou brebis* (3), étaient amendables. En outre, le corps du délit était confisqué, porté à l'hôpital ou mis en vente *au chanon* (bas) du Bourg, au-delà du puits qui marquait l'extrémité des bancs, là où on vendait le *porc grené* (4), et où, avant le bannissement des Juifs, on *vendait* la viande provenant des animaux abattus pour leur usage particulier, et dont, suivant les préceptes de Moïse, ils n'avaient pris que certaines portions (5). Mais, ce qui arrivait rarement, grâce à cette active surveillance, si un boucher avait exposé de la viande corrompue, il était arrêté sur-le-champ, et une sentence du maire ne tardait pas à l'envoyer, sous l'escorte du bourreau, figurer au pilori dressé *au chief* (dessus) même de la rue (6).

Les autres *ouvreurs* (boutiques) du Bourg, dont la disposition intérieure était toute différente de celle des bancs, ne leur cédaient point ni en activité ni en animation. Une grande ouverture pratiquée au rez-de-chaussée de la façade y donnait entrée. Cette ouverture était partagée par

(1) Ordonnance du 29 janvier 1469-70, répétée dans tous les règlements sur la matière jusqu'au XVIIe siècle.
(2) C'est-à-dire en dehors des heures prévues par le règlement.
(3) La viande provenant des animaux femelles étant d'une qualité inférieure à celle des mâles, faire *signe de boicte* c'était donner à la viande de seconde qualité les apparences de la première.
(4) Règlements précités.
(5) « Si tost que les Juifs demourant à Dijon auront visité une beste et « en auront pris pour leurs necessitez ce qu'ils vouldront, incontinent le « demeurant de ladite beste ou toute se toute demeure sera pourté et « vendu publiquement vers ledit puis es estaulx devant l'ostel de M. d'Es- « chenon. » (Ordon. du 27 août 1417.)
(6) Registres de justice municipale. Reg. des délib. de 1603.

un épais trumeau, d'un côté duquel était la porte pleine, décorée d'un guichet; de l'autre, une large croisée avec l'entrée de la cave, dont le trapon s'avançait sur la voie publique. A cette fenêtre, point de vitraux : un large auvent abrite le seuil, et au dessus une branche de fer ouvragée supportait soit l'image du saint, soit la bannière mobile qui alors servaient d'enseigne. Déjà à cette époque, et les rôles des tailles en font foi, toutes les industries avaient leur représentant au Bourg; celles qui dominaient surtout étaient les rôtisseurs, lesquels devaient tenir constamment leurs viandes *pourbellies, lardées souffisament de bon lart ou sourfondue de sain* (graisse de porc) *frez et net*, sous peine de 10 sols d'amende (1); les taverniers, aux habitués desquels la mairie permettait de s'assurer si on leur versait juste mesure (2); les *estassoniers* (épiciers), qui y détaillaient les bougies, les *chandoilles*, la moutarde, l'*ypocras* et toutes les drogues du Levant. Enfin, il n'est pas jusqu'à l'indispensable barbier qui y *barbait, saingnait et médicamentait les corps humains* (3).

Indépendamment de la boucherie et du marché au bétail qui se tenait dans la rue même et sur la place de la Maison-du-Bœuf (Saint-Georges), il y avait encore un marché quotidien d'herbages aux deux bouts de la rue. Des merciers y étalaient aussi leurs marchandises, et jusqu'à des boulangers y venaient débiter leurs *fouasses* et pains de différente qualité. Ajoutons, pour compléter le tableau, que le marché de la volaille et du gibier pouvait être considéré comme une annexe du Bourg, puisqu'il se tenait

(1) Statuts du 21 mai 1484.
(2) Ordonnance du 4 juillet 1410.
(3) Statuts du métier.

dans la rue de la *Petite-Juiverie*, appelée depuis Poulaillerie et actuellement rue Piron (1).

Ce qui précède montre que, durant une grande partie de la journée, la rue du Bourg était convertie en un véritable champ de foire. Dès le matin on y voyait affluer de tous les points de la ville le *queux* (cuisinier) du grand seigneur, la bourgeoise avec sa *meschinette* (servante), la femme de l'artisan, la *chambellière* du prêtre, les frères lais et les autres serviteurs des religieux cloîtrés. C'était l'heure où les religieux mendiants quêtaient aux portes côte à côte avec les hospitaliers du Saint-Esprit, portant leur châsse au col (2). La société s'y trouvait représentée même dans ses rangs les plus infimes : mendiants, larrons, faux ou vrais pèlerins y grouillaient, ainsi que les *fillettes communes*, avec leur bande blanche distinctive cousue au bras (3). Malheur à celles qu'on leur désignait comme exerçant frauduleusement leur métier. Si c'était une fille, elles la déchaperonnaient et l'entraînaient *en la grande*

---

(1) Ce marché d'herbages nous amène à parler d'une circonstance caractéristique pour le temps où elle se passe (1486), et qui montre que, nonobstant les mesures prises de tout temps par l'autorité pour mettre un frein aux exigences des revenderesses, leur cupidité ne reculait pas même devant un sacrilége :

Un paysan ayant apporté vendre un sac de poires au Bourg, le couvrit de son manteau et s'en fut à des affaires plus pressées. Des revenderesses qui convoitaient ces fruits imaginèrent, pour dérouter les chalands, de mettre une croix de paille sur le sac, une écuelle avec un rameau sur la table voisine. A ceux qui les interrogeaient elles dirent que c'était un corps mort, et les invitaient, selon la pieuse coutume d'alors, à lui jeter de l'eau bénite. Beaucoup y furent pris et vinrent pieusement s'agenouiller devant le sac de poires. Malheureusement pour elles, un prêtre qui passait, ayant voulu s'assurer du fait, découvrit le stratagème, qui mérita une rude punition aux coupables. (Justice munic., G. 3°, Procès criminels.)

(2) Histoire manuscrite de l'Hôpital du Saint-Esprit de Dijon, par D. Calmelet.

(3) Règlement du 19 mars 1425-26.

Maison (1); si c'était une femme, elles grimpaient sur son toit et découvraient sa maison (2). Mais cette foule, qui circulait avec peine dans cette rue étranglée et encombrée de marchandises et d'animaux, s'ouvrait toujours pour laisser un libre passage à deux individus dont on fuyait le contact avec effroi : l'un était le lépreux en quête de pitance, qui, dans ces lieux, agitait constamment la *cliquette* pendue à sa ceinture (3); l'autre, c'était le bourreau. Ce redouté fonctionnaire s'arrêtait devant chaque étal, et levait son droit sur les victuailles et ustensiles exposés en vente par les marchands forains. Il désignait chaque chose du bout du petit bâton *blanc painctúré* qu'il tenait à la main. Nul n'était tenté de s'y soustraire, car on savait qu'en cas de refus il était autorisé à percevoir lui-même, *mais le plus doucement possible et sans esclandre* (4).

Maintenant, qu'on juge ce que devait être le Bourg quand, à un jour de marché, la trompette de la ville annonçait du dessus de la rue qu'un acte de justice municipale allait là s'accomplir. Qu'on se représente cette foule se précipitant des bancs, des allées, des boutiques, pour arriver plus vite au carrefour. Si c'était un voleur ou un vagabond dont la peine du fouet précédait le bannissement, spectateurs et spectatrices, blasés par la fréquence des représentations, retournaient bientôt à leurs affaires; mais si, au contraire, il s'agissait d'une de ces femmes sans nom, viles pourvoyeuses de la prostitution publique,

---

(1) Sentences des 2 septembre 1446 et 4 juillet 1518, etc. La *grant maison des fillettes*, sise rue des Petits-Champs, était amodiée chaque année par le maire, le jour même de sa réception.
(2) Sentence de l'année 1423.
(3) Règlements de la Maladière.
(4) Ordonnance municipale du 12 mars 1452-53.

on étouffait dans le carrefour, à la grande joie des *coupeurs de bourses*. La coupable, nue jusqu'à la ceinture, coiffée d'une mître en papier, où se lisait en toutes lettres le mot *maq*......., était amenée par les sergents, au milieu des huées et des injures de la populace. Le clerc de la ville lui lisait sa sentence, dont la conclusion était une grêle de coups de verges que le bourreau faisait pleuvoir sur ses épaules (1). Quelquefois aussi, mais pour d'autres délits, la scène tournait au burlesque et durait plus longtemps, au grand déplaisir du patient : témoin ce maraudeur de raisins, qui, la tête couverte d'une mître et d'un chapeau fabriqués avec le corps même du délit, fut mené dans cet état, par le bourreau, sur la place de la Sainte-Chapelle, devant les vignerons assemblés, et de là au-dessus du Bourg, où il demeura debout sur deux tonneaux, exposé durant trois heures aux insultes des passants (2).

La ville ne fut guère complètement pavée qu'au XVe siècle; mais, longtemps encore, l'enlèvement des immondices, laissé à la charge des habitants, fut un obstacle invincible aux constants efforts de la magistrature municipale pour assainir la ville. Quand l'accumulation des fanges encombrait une rue, des échevins s'y transportaient, et, séance tenante, les habitants du quartier, ayant *nettoyé chacun en droit soy*, portaient les immondices aux décharges publiques (3). On comprend que, ce mode de procéder ne pouvant guère être employé périodiquement, il

---

(1) Registres de justice et des délibérations de la mairie. Papier rouge.
(2) Registres des délibérations de la Chambre de ville, 1529, 16 sept.
(3) Aux termes d'une ordonnance municipale de 1388, les bouchers devaient tous être munis d'un *reable* (racloir), pour *bouter* les ordures du ban et de la rue.

en résultait le plus souvent que les rues croupissaient dans la fange. Les habitants du Bourg, riverains du Suzon, alors découvert, n'avaient pas même la ressource d'y déverser leur trop plein. Quiconque jetait des ordures dans le Suzon était puni d'amende arbitraire (1); d'où il arrivait que la rue du Bourg était en tout temps un horrible détritus de boue, de sang, de fumier, d'eaux ménagères, et, le dirai-je, de résidus plus dégoûtants encore (2). Ce sol, raviné à la moindre pluie par les gargouilles des façades, qui de partout y formaient des cascades (3), était impraticable l'hiver, et, pendant l'été, le soleil en dégageait des miasmes pestilentiels, auxquels presque chaque année la population dijonnaise payait un funèbre tribut.

A ce fléau déjà si terrible venait encore s'ajouter la crainte toujours imminente pour Dijon de voir ce quartier tout de bois et de graisse renouveler le désastre de 1137. Aujourd'hui, les moyens puissants dont on dispose ont bien atténué ces craintes ; mais, du temps des Ducs jusqu'au règne de Louis XV, on n'eut à Dijon, pour combattre l'incendie, que des *soillots* de cuir, des échelles et des crochets. Par une prévoyance qu'on ne saurait trop louer, un dépôt en avait été établi au-dessus du Bourg ; cinq puits y avaient été creusés, et, de plus, chaque *chef d'ostel* devait avoir constamment devant sa porte une

---

(1) Ces seules amendes formaient une des branches du revenu de la ville. (Voir les comptes des receveurs. Archives municipales, section M.) — En 1397, la chambrière de Perrenot Berbisey fut punie de la prison parce qu'ayant été prise jetant du fumier dans Suzon elle répondit insolemment au maire qu'elle était du Bourg. (Reg. de justice.)

(2) Peu de maisons étant pourvues de latrines, la voie publique en tenait lieu.

(3) Registre des délibérations, 1407, 19 août.

grande cuve remplie d'eau pour servir en cas d'accident (1).

Tel était le spectacle qu'en ces temps la rue du Bourg offrait durant le jour. Mais, quand venait la nuit et que le *couvre-feu*, sonné à Saint-Jean, livrait en quelque sorte la ville aux *truands* et *mauvais garçons*, le repos de ses laborieux habitants était souvent troublé de plus d'une manière. Sans parler des *menestriers* qui, durant l'Avent, y *cornaient le doraulot* (2); des jeunes gens qui donnaient à leurs amies les *ébaillées* du mois de mai ; c'étaient d'épouvantables charivaris administrés par permission du maire aux veuves du quartier qui se remariaient, ou bien des rixes dont la dague était toujours le dernier mot. Quelquefois des habitants trouvés sans lumière, des larrons surpris cherchent un refuge dans les bancs contre le guet de la ville. Tantôt le prévôt de Dijon, alléché par l'amende de 65 sols, envahit une maison pour y trouver un mari *couché en compagnie secrette avec autre femme que la sienne* (3). Ailleurs, c'est le procureur-syndic à la recherche d'un coupable ; souvent enfin, des misérables, simulant le guet, forcent la porte d'une jeune femme et l'entraînent *pour en faire leur plaisir* (4).

Par une belle nuit du mois de juin 1464, une demi-douzaine de jeunes gens du quartier se déguisèrent en *diables*, et, de minuit à deux heures du matin, *coururent* le Bourg, *crians, bruillans affreusement, comme font diables en jeuz*, jetant des pierres aux portes et fenêtres de ceux que réveillait leur tapage. Ils amoncelèrent, en *manière de bas-*

---

(1) Registres des délib. de la Ch. de ville.
(2) Ces ménétriers étaient payés par la ville.
(3) Comptes des receveurs du bailliage de Dijon.
(4) Arch. munic.; section C. Juridict., Procès criminels.

tilles, les roues et les *cuveaux* d'eau placés devant les maisons, et tentèrent d'escalader les fenêtres du rôtisseur Jacot Legendre, auquel ils criaient *en voix de dyable rauque et mal clere* : « Jacot! Jacot! là, là, là, sus, sus; lieve toy, de par le diable! car nous te irons veoir. » La femme, épouvantée de les voir assiéger sa maison, cria alarme, au meurtre, et poussa des cris si effroyables, que les voisins s'émurent, et les démons, craignant d'avoir le guet à leurs trousses, se dérobèrent par une prompte fuite. Cette escapade fit grand bruit; de tous côtés on vint, le matin, contempler les *bastilles* infernales. Le procureur-syndic mit une grande activité dans la recherche des coupables; mais leur secret fut bien gardé : on n'eut que des soupçons, et, faute de preuves suffisantes, ils échappèrent à la justice (1).

De tout cela il ne faudrait pas conclure que les habitants du Bourg vivaient toujours en parfait état d'innocence. Loin de là; les annales de la justice dijonnaise témoignent au contraire que certains de ses habitants, et les bouchers surtout, se firent singulièrement remarquer par leur orgueil, qui ne respectait rien, leur violence et leurs habitudes du sang, qui, trop souvent, les entraînaient dans de graves affaires.

Une de leurs plus chères coutumes était de courir les rues la nuit, sans lumière, armés, *embastonnés*, à la quête d'aventure et de tapage. S'ils étaient chargés par le guet, ils le chargeaient à leur tour, assommaient le chef s'ils pouvaient, nonobstant sa dignité d'échevin, et souvent restaient maîtres du champ de bataille (2); mais, s'ils étaient

(1) Enquête du 23 juin 1464.
(2) Section C, Procès criminels, années 1457, 1461.

reconnus, la justice était bientôt à leurs trousses. Il est vrai que leur recherche n'était pas toujours sans danger, dans cette rue populeuse et où chacun était *compaing*. En effet, si le prévenu, saisi ou sur le point de l'être, appelait à l'aide, les femmes s'ameutaient en faisant *chieraul* (1) ou *la croix de deux doigts* (2), et bientôt les sergents, bousculés, les verges brisées, étaient ignominieusement chassés du quartier. Triomphe malencontreux, qui n'avait d'autre effet, le coupable arrêté (et il l'était toujours, à moins de quitter le pays), que de lui faire expier plus durement son délit aux *ceps du crot* des prisons (3).

Une nuit du mois d'août 1473, comme Jehan Aigneaul, riche bourgeois et échevin, visitait avec ses valets le quartier du Bourg, soumis à sa surveillance, Jehan Fèvre, boucher, arracha la torche qu'un page portait devant le magistrat, et refusa de la rendre. Aigneaul l'ayant fait arrêter, J. Dacier, son voisin, survint aux cris de la femme et apostropha l'échevin en ces termes : « Par la sang-Dieu ! vous ne « le menerez pas en prison ; Jehan Aigneaul, Jehan Mouton, « Jehan Brebis, faut-il que nous soyons gouvernés par un tel « teinturier ! » D'autres voisins s'étant interposés, J. Aigneaul consentit à relâcher son prisonnier, qui, au lieu de se retirer, lui sauta à la gorge, le terrassa, et l'eût percé d'un épieu si on ne l'eût arraché de ses mains. Un pareil attentat ne pouvait rester longtemps impuni. Quelques jours après, la Chambre de Ville, précédée du vicomte mayeur, descendit dans le Bourg avec son cortége de sergents aux

---

(1) Mettre le pouce entre les deux premiers doigts de la main.
(2) Geste équivalant à celui dont les enfants accompagnent le mot : « Je t'en ratisse ! »
(3) Les *ceps* étaient des entraves, et le *crot* le cachot.

ordres du procureur-syndic. La trompette ayant sonné, on vit paraître les deux coupables déceints, la tête nue et baissée; ensemble ils s'agenouillèrent devant le maire et J. Aigneaul, leur crièrent merci, et, dans cette attitude, entendirent la sentence qui condamnait Fèvre à 100 francs d'amende, Dacier à la moitié, et tous deux à tenir prison jusqu'au parfait paiement de la somme (1).

C'était principalement sur le fait du métier que les bouchers se montraient intraitables. Au nombre de trente à quarante, vivant tous côte à côte et sans concurrence aucune, ils avaient, dans le but de maintenir toujours leur petit nombre et contrairement au règlement de 1469-70, tellement élevé les droits de réception, que ceux qui ne pouvaient disposer de 50 à 100 francs, somme exorbitante pour le temps, étaient impitoyablement refusés (2). Il y a plus : certains du débit de leur marchandise, ils se moquaient des ordonnances *politiques*, vendaient leur viande suivant leur caprice, et traitaient les magistrats de *veaux* et de *bélistres* (3).

La Mairie comprit enfin les inconvénients, si ce n'est le danger d'une boucherie unique et agglomérée sur le même point. Déjà elle avait voulu, en 1470, créer une concurrence, en augmentant le nombre des bouchers; et elle y eût réussi, si le duc Charles, auquel ceux-ci s'adressèrent, n'eût ajourné l'affaire jusqu'à son entrée à Dijon (4). En 1497 et 1500 (5), elle avait, sur la demande des habitants

---

(1) Section C. Procès criminels.
(2) Enquête du 17 avril 1501, et Mémoire de la Mairie contre les bouchers.
(3) Même enquête.
(4) Correspondance municipale. B 22, Reg. I, n° 138. Lettre du duc Charles, datée de Hesdin, le 8 septembre 1470.
(5) Délibérations du 8 mai 1497 et du 14 avril 1500.

de la populeuse paroisse Saint-Nicolas, décidé l'établissement de deux nouvelles boucheries (1); mais comme l'exécution de ce projet avait été retardée, et que les bouchers, comptant sur le maintien de l'ancien état de choses, et mieux, irrités de ces tentatives contre leur monopole, s'ingéniaient à résoudre à leur profit l'éternel problème commercial, c'est-à-dire à acheter à bas prix pour revendre le plus cher possible (2); la Mairie, dis-je, résolut d'en finir. Une ordonnance du 28 mai 1501 consacra l'établissement de deux nouvelles boucheries, admit au métier toute personne trouvée *souffisante* par les échevins et commis-délégués, abolit le *mangier* de la réception, prescrivit la construction d'une tuerie sur l'Ouche, et commit des *depputés* pour constater la qualité des bêtes d'abat (3). De plus, et pour montrer quelle importance elle attachait à ces mesures dictées par l'intérêt général, elle les soumit à la sanction du roi Louis XII, qui les approuva et en ordonna la stricte exécution (4).

Ces ordonnances portèrent la consternation dans la rue du Bourg. Toutefois, les bouchers n'étaient pas hommes à se rendre sans combat; ils relevèrent le gant et voulurent

---

(1) Elles devaient être établies au Champdamas, à la porte Saint-Nicolas, et une troisième à la porte d'Ouche.

(2) « Quand l'on amène vendre du bétail à la boucherie, si l'ung des
« bouchiers y met pris pour lequel la piece ou les pieces lui soient déli-
« vrées, d'autres bouchiers viennent qui croissent le pris l'un d'un gros,
« l'autre de deux, un autre plus, tellement quil y a aucune fois dacreue
« 16 gros, 2 fr. aulcune fois moings selon que les pieces sont. Mais ladite
« accreue et à leur proffit et y praignent lacheteur et eulx aultant lun
« comme lautre que et au dommage du peuple, parce que d'autant que
« ladite acrue enchérit la chose non pas que le vendeur ait rien de ladite
« acrue sans point de difficulté, la chose en est plus chière au commun
« peuple. » (Enquête du 17 avril 1501.)

(3) En 1519, ils recevaient 60 sols tournois de gage par an.

(4) Archives munic. Trésor des Chartes. Sect. G.

lutter contre l'autorité municipale. « Nous sommes, di-
« saient-ils, trente-six soubs ung mesme chaperon ; nous
« avons une bonne bourse, et, en vertu d'icelle, veuille ou
« non, nous dechasserons les nouveaulx bouchiers et nous
« ne serons plus gouvernés par ung tas de bélistres. » La
bourse Saint-Antoine fit en effet son jeu. Sous prétexte que
les nouveaux bouchers avaient été reçus contrairement aux
anciennes ordonnances, sans faire chefs-d'œuvre, ils obtinrent des officiers du bailliage de mettre opposition à l'enre-
gistrement des lettres-patentes. Déjà même ils chantaient
victoire aux dépens de leurs adversaires, dont la présence
au Bourg était saluée des cris de : *Coquins, bourreaulx, mur-
driers*, et qu'on pourchassait dans les foires. Mais leur
cause était trop mauvaise ; le Parlement, sur l'appel de la
Mairie, en fit prompte justice (1).

Celle-ci ne perdit point de temps ; elle mit en délivrance
la construction de la succursale dans un bâtiment attenant
aux Halles, lequel, suivant la coutume à Dijon de donner
la même signification de *Bourg* à *boucherie,* fut appelé le
petit Bourg (2). L'abattoir ne fut commencé qu'en 1508,
sur l'emplacement occupé aujourd'hui par le bastion de
Tivoli. La ville y dépensa 15,000 fr.; aussi passait-il pour
le plus beau du royaume (3).

Ce fut là le premier coup porté au monopole du Bourg.
Toutefois, de longues années devaient encore s'écouler
avant d'en voir l'anéantissement. Vingt-sept ans après, les

---

(1) Mémoires de la ville contre les bouchers.
(2) Ce bâtiment, qui jadis contenait quatre bancs distincts, est encore aujourd'hui occupé par un boucher. Il s'ouvre sur la rue Saint-Nicolas, n° 100. Avant la révolution, on voyait sculptés au-dessus de l'arcade de la porte deux *chapechoux* (couperets) surmontés des armes de la ville.
(3) Délibér. de la Ch. de ville du 14 octobre 1547.

anciens bouchers avaient absorbé les nouveaux, et le petit Bourg, au lieu de se maintenir comme concurrence, était devenu la succursale du grand. Aussi, les plaintes sur la cherté de la viande reprirent-elles avec tant de force, que la Mairie résolut, cette fois, d'agir vigoureusement (1). Elle abolit les statuts, les banquets, la bourse commune, et admit tout le monde à l'exercice du métier, sous la seule mais sévère condition de soumettre le bétail à la visite du commis à la tuerie.

Elle autorisa l'érection gratuite de bancs portatifs dans toute la ville; et, comme on savait que les bouchers se vantaient qu'ils ne tueraient plus, on leur intima de continuer comme par le passé, sous peine de 10 fr. d'amende et de confiscation du banc.

Elle réprima, enfin, les coupables manœuvres de ces industriels vis-à-vis les marchands de bétail, pour obtenir la viande à meilleur compte ou frauder le public. L'ancien moyen, qui consistait à surenchérir une première offre faite par l'un d'entre eux, sauf ensuite à partager la différence, étant trop connu (2), ils procédaient en sens inverse; c'est-à-dire « que, quant un desdits bouchers avait « mis à ung pris, les autres qui venaient après dyminuaient « ledit pris à cause de la dampnable intelligence estant sur « ce entre eux; » d'où il arrivait que les marchands trompés ne revenaient plus, ce qui causait la cherté du bétail. L'ordonnance défendit telles associations, sous peine de privation du métier pendant un an pour une première fois, pendant trois ans pour la seconde, et perpétuellement pour la troisième.

(1) Ordonnance municipale du 11 mai 1527.
(2) Voir la note 2 de la page 21.

Cependant, si rude que fût la leçon, les bouchers essayèrent encore de la lutte. Cette fois, l'appui du bailliage leur manqua, et le Parlement lui-même sanctionna les ordonnances municipales (1).

L'établissement de l'abattoir *extra-muros*, réalisation d'un projet déjà formé au temps des Ducs (2), appartient à cette suite de mesures préservatrices de la peste, dont l'application à Dijon coïncide avec les premières guerres d'Italie. La part que les gouverneurs de la province prirent à leur exécution laisserait supposer que ces personnages, témoins des moyens hygiéniques employés dans ces villes d'une civilisation plus avancée, pour combattre la contagion, s'empressèrent de les propager à leur retour en France. Quoi qu'il en soit, dès la fin du XVe siècle on vit les magistrats dijonnais, qui jusqu'alors n'avaient opposé au fléau que des processions ou des prières publiques, oser le regarder en face; ils laissèrent les grands s'enfuir comme à l'ordinaire, et restèrent courageusement à leur poste. Avant ce temps, les malades étaient portés à l'hôpital du Saint-Esprit, où trop souvent, faute de lits suffisants, on les traitait en plein air dans le cimetière de Jérusalem (3). Bientôt tout changea de face. A la première apparition du danger, des prêtres, choisis par le clergé, allèrent porter aux malades les secours de la religion; les médecins, éclairés par une *notomie du cadavre*, indiquent le traitement à suivre, mais en laissent prudemment l'administration aux deux barbiers-chirurgiens désignés par leurs confrères (4). Ceux-

---

(1) Arrêt du 10 décembre 1528.
(2) Ordonnance municipale du 10 novembre 1412.
(3) On convertit aussi plusieurs fois la Maladière en hôpital de peste.
(4) Qui croirait que la Mairie fut obligée, à l'avant-dernier siècle, de

ci ont pour les aider quatre *maugoguets* ou *saccards* (1), qui, de plus, enlèvent les cadavres et les inhument loin des habitations. On voyait ces courageux parias, car tout rapport avec les sains leur demeurait interdit, couverts de leur habillement jaune, armés d'un bâton et sonnant leur clochette, franchir le seuil des maisons marquées d'une croix, et prodiguer leurs soins aux malheureux abandonnés. Si le malade était pauvre, on le transportait au Saint-Esprit. Le riche et celui qui le servait pouvaient demeurer; mais alors on *cadenait* la maison et on les pourvoyait par la fenêtre. Tous, en cas de guérison, devaient, sous peine de *hart,* observer une rigoureuse quarantaine. Si la mort suivait, et c'était le plus souvent, on brûlait hors de la ville les effets du malade; puis des femmes, aux gages de la Mairie, appelées *héridesses,* faisaient la *buée,* lavaient, purifiaient l'appartement (2), dont ensuite la porte était close et scellée du sceau de la Mairie (3).

Durant ce temps, la ville semblait déserte; le peuple était aux églises; point de réunion d'aucun genre : tout commerce était suspendu; les cloches mêmes se taisaient. Les habitants, chassés de leurs maisons par le fléau, campaient sous des logettes, dans l'île au bord de l'Ouche. Les portes de la ville, restées ouvertes, étaient militairement

menacer les médecins d'un procès criminel, pour les déterminer à soigner eux-mêmes les pestiférés!

(1) Ces *maugoguets*, interrogés en 1564 par les magistrats sur les moyens qu'ils employaient pour se préserver du fléau, répondirent qu'ils usaient de vif-argent dans un tuyau de plume fixé sur le cœur avec une bande, qu'ils changeaient de quinze jours en quinze jours, et tous les matins usaient d'aloës avec du *mitridat*. (Reg. des ordonn. sur la peste.)

(2) Par des fumigations de soufre, de genièvre ou de vinaigre.

(3) Registres des délib. de la Mairie. Ordonnances sur la peste.

gardées; la nuit de grands feux brûlaient au milieu des carrefours, et des patrouilles silencieuses veillaient à la sûreté des propriétés abandonnées.

La Mairie savait bien que le plus sûr moyen d'éloigner le fléau était d'assainir la ville ; aussi poursuivait-elle ce but de tous ses efforts. Mais que d'obstacles à surmonter ! Sans action sur la bâtisse intérieure des maisons, qui, chez les gens du peuple, étaient de véritables cloaques inaccessibles à l'air et à la lumière, elle avait du moins contraint leurs possesseurs à creuser des latrines et à y diriger les égoûts, qui avant *se distillaient* sur la voie publique ; l'alignement des maisons était aussi mieux surveillé, les lessives dans les rues sévèrement défendues, et le cours du Suzon fréquemment curé. Quant au pavé, s'il était mieux établi qu'au siècle précédent, les rues, toujours encombrées d'immondices, présentaient le plus déplorable aspect. Sous ce rapport on n'avait point progressé ; c'est-à-dire qu'à défaut d'un service régulier, les habitants attendaient, comme au temps des Ducs, que le passage fût devenu impraticable pour déblayer leur rue et porter les fanges sur les remparts. Quelquefois aussi, quand les vagabonds affluaient par trop dans la ville, la Mairie, pour s'en débarrasser, usait de moyens héroïques ; elle les faisait enchaîner par quatre aux tombereaux de la ville, et, sous la conduite des sergents, les envoyait nettoyer la voie publique.

Suivies régulièrement, il n'est pas douteux que ces diverses prescriptions, tout informes qu'elles étaient, n'eussent à la longue exercé une salutaire influence ; mais il eût fallu pour cela une quiétude parfaite, et on sait si, sous les Valois, elle fut de longue durée.

La rue du Bourg, plus qu'aucune autre de la ville, en

souffrit longtemps ; elle n'avait pas cessé d'être la rue commerçante ; on y comptait sept hôtelleries (1) ; ses marchés d'herbage et du bétail tenaient comme par le passé. Or comment, avec tant d'éléments de malpropreté, aurait-elle pu changer sa vieille physionomie. Si la tuerie avait émigré, l'*échaudeur public*, *où on plumait les porcs* (2), et la triperie, étaient restés ; encore était-il écrit que cette séparation ne devait pas être de longue durée, car la construction du bastion de Guise, en 1546, ayant nécessité la suppression de l'abattoir, les bouchers rouvrirent avec empressement les vieux *tueurs* de la ruelle. Toutefois, hâtons-nous de le dire, si les difficultés du moment contraignirent l'administration à tolérer le retour de ces abus, elle mit tous ses soins à en atténuer les effets. A partir de cette époque, les registres de la Mairie sont remplis d'ordonnances prescrivant aux bouchers de nettoyer la rue des ordures, *sang de bestes et fumiers qui, rendant infection et puantise, peuvent causer maladies contagieuses*. Les tripiers, qui, retirés dans les maisons profondes aboutissant sur Suzon, faisaient déjà de ce canal le récipient de leurs dégoûtantes manipulations, furent souvent contraints de le curer à leurs dépens ; on défendit les amas de paille, à cause des incendies ; on régularisa l'alignement des bancs ; le passage couvert fut déblayé. A l'invasion des pestes, les précautions redoublent ; alors les bouchers ont beau s'obstiner, on disperse leurs étaux à travers la ville, avec injonction de ne laisser toucher la viande aux chalands qu'avec des bâtons

---

(1) Celle du Dauphin, du Monde, de l'Écu-de-Lorraine, du Logis-de-Sainte-Barbe, du Mouton, des Trois-Chandeliers et de la Tête-Noire. (Arch. de la ville, K. Reg. des baux à fermes, 1579.)
(2) Procès criminels, sect. C. Enquête du 28 octobre 1523.

blancs disposés à cet effet. Le soufflement des bêtes est interdit sous peine de mort (1). Au mois d'août 1576, la contagion ayant éclaté au Bourg et à la *Maison-du-Bœuf*, le nombre des maisons à *cadener* devint si grand qu'on barra la rue pour l'isoler du reste de la ville (2). Durant trois mois, les habitants du quartier qui avaient fui devant le fléau ne purent rentrer chez eux ; quiconque l'eût osé risquait d'être arrêté par les *maugoguets* et arquebusé par le bourreau. Les bouchers n'eurent pas même dans cette circonstance la ressource de se retirer dans la maison des *Arsures*, où déjà depuis longtemps ils fondaient leurs graisses. Les pestiférés, trop à l'étroit dans les maisonnettes de l'Ile et à l'hôpital neuf, l'avaient envahie.

Ces prescriptions sanitaires n'étaient pas les seules imposées à la boucherie : l'exercice du métier, le prix de la viande excitaient toujours la sollicitude de la Chambre de ville. Elle avait, entre autres mesures, obligé, sous peine de 3 sols d'amende, les bouchers à apporter en ville la *chair enveloppée dans un linge blanc et honnête* (3). L'affranchissement du métier, moyen héroïque consacré par l'ordonnance du 11 mai 1527, n'avait pas, à ce qu'il paraît, produit les résultats qu'on en espérait, puisqu'au mois de mai 1546 la Chambre de ville avait obligé la plupart des bouchers à faire *chiefs-d'œuvre* et à acquitter les droits dus à la Mairie. Les anciennes ordonnances municipales qui réglementaient le prix de la viande étaient déjà depuis bien longtemps tombées en désuétude, lorsque l'édit de Folembray, du 26 novembre 1546, qui enjoignait aux magistrats

---

(1) Ordonnances municipales et arrêts du Parlement des 1er septembre 1576, 1586 ; 26 août 1596, 25 novembre et 16 mai 1631.
(2) Arrêt du Parlement du 1er septembre 1576.
(3) Délib. de la Mairie du 25 oct. 1538.

des villes de taxer les victuailles des hôteliers, vint fournir à la Mairie le prétexte de soumettre les bouchers à la loi qui depuis si longtemps régissait la boulangerie. Elle manda les jurés du métier, et, sur leurs renseignements, fixa la taxe en leur présence : on fit trois classes du bétail, le gras, le moyen, le petit.

Le bœuf gras, dépouille déduite, fut estimé	13[l]	»[s]
La vache grasse, id.	5	10
Le veau gras, id.	»	40
Le mouton gras, id.	»	50
Le pourceau, id.	»	50 (1).

(1) Les énonciations extraites du tableau qui suit seraient sans intérêt, si on ne pouvait établir une comparaison entre ces prix et ceux qu'ils ont acquis de nos jours. Or, le prix du blé étant la base la plus certaine pour ce genre d'évaluation, j'ai dû chercher quelle valeur avait le blé au milieu du XVIe siècle. Voici les résultats auxquels je suis arrivé :

L'émine de blé, mesure de Dijon, coûtait alors 10 fr., le franc compté pour vingt sols, le sol pour douze deniers. Elle contenait seize mesures ou carteranches, et chaque carteranche 26 litres 7/16 ; chaque carteranche coûtait donc 12 sols 6 deniers, ou 140 deniers.

Si de cette carteranche on ôte 6 litres 7/16, reste 20 litres ou un double-décalitre, ce qui réduit les 12 sols 6 deniers du prix total à 6 sols 9 deniers 3/4, ou 81 deniers 3/4, équivalant à 30 cent. 10 mill. de notre monnaie.

Le double-décalitre valant aujourd'hui (1851) 3 fr., les 30 cent. 10 mill., ou, mieux, les 6 sols 9 deniers 3/4 les représentent ; d'où il suit que :

2 sols 3 deniers ou 10 cent. 10 mill. équivalent à 1 fr.
1 sol » — ou 5 — 1 mill. 1/2 — » 50 c.
» — 6 — ou 2 — 50 — 1/2 — » 25 c.

Il en résulte donc que le prix de la viande a augmenté dans une proportion de 9/10. Ainsi, si on multiplie par 9 les 13 fr., prix du bœuf gras, on obtient la somme de 117 fr.

Extrait du Tableau de la Taxe des victuailles, arrêté par la Chambre de ville le 5 janvier 1546-47.

Le bœuf gras, *despoille desduicte*, estimée.	13[l]	»[s]	»[d]
Le quartier de devant.	3	3	4
— derrière.	3	6	8
Le bœuf moyen, despoille desduicte.	7	17	»
Le quartier.	»	37	6
La pièce.	»	»	20

Sans doute, l'avantage pour le public eût été plus grand, si le débit au poids eût remplacé la vente au morceau, conservée dans le tableau des victuailles ; mais, tout incomplète qu'était cette taxe, quelque latitude qu'elle laissât encore aux gains exorbitants des bouchers, elle n'en cons-

Au quatier du bœuf se peut faire 24 pièces communes, chacune de la largeur de quatre doiz et de 14 poulces de long, revenant la pièce à.................			»	2	6		
La vache grasse, despoille desduicte..........			5	10	»		
Le quartier.....................			»	27	6		
Au quartier se peut faire 16 pièces, chacune de la largeur de quatre doiz et de 10 poulces de long, val.....			»	»	20		
La langue de bœuf................			»	»	18		

	Veau gras.		Veau moyen.		Petit veau.	
Despoille desduicte...	»¹ 40ˢ	»ᵈ	»¹ 25ˢ	»ᵈ	»¹ 20ˢ	»ᵈ
Quartier devant.....	» 8	4	» 5	»	» 4	»
— derrière....	» 10	»	» 5	»	» 4	»
Poictrine.........	» 3	»	» 2	»	» 4	20
Espaule..........	» 2	»	» 2	»	» »	18
Pièce des costes....	» 2	»	» »	15	» »	10
Longe...........	» 5	»	» 2	6	» 2	»
Pièce ronde.......	» 2	»	» »	15	» »	9
Jarrot...........	» 2	»	» »	15	» »	15
Foye............	» 2	»	» »	20	» »	15
Fraise...........	» »	20	» »	15	» »	10
Teste...........	» »	20	» »	15	» »	12

	Mouton gras.	Mouton moyen.	Cabry.
Despoille desduicte...	» 50 »	» 24 »	» 7 »
Quartier devant....	» 8 »	» 5 »	quartier 18
— derrière....	» 7 »	» 5 »	tête et fresure 18
Espaule..........	» 3 »	» 2 »	» » »
Hault cousté......	» 3 »	» 3 »	» » »
Poictrine.........	» » 18	» » 12	» » »
Longe...........	» 3 »	» 3 »	» » »
Gyguot..........	» 3 »	» 2 »	» » »

Le pourceau écorché ou bruslé, la despoille desduicte...	» 50	»
Quartier devant..................	» 14	4
— derrière..................	» 11	8
Espaule.......................	» 5	»
Poictrine......................	» 2	»
Longe........................	» 2	»
1ʳᵉ piece des costes.................	» 2	»
2ᵉ id.	» »	18ᵈ

tituait pas moins un progrès réel, complété quatre ans plus tard par l'édit de Nantes (1), prescrivant aux officiers de justice de taxer *es temps et saisons requises* la viande de boucherie, avec obligation de la débiter à la livre de 16 onces.

Les boulangers n'eurent dès lors rien à envier aux bouchers : le même joug pesa également sur les uns et les

Du quartier de derrière se faict 8 pieces que l'on appelle thilles, d'espesseur d'environ deux doiz, de longueur de 12 poulces, et de quatre doiz de large chacun	»	»	15
L'aulne de saulcis.	»	»	20
— d'andoille.	»	2	»
— de boudin.	»	»	8
La cloche de foye.	»	»	3
Le nonglot (appelé aujourd'hui filleu).	»	2	»
La bande de quotys.	»	»	15
Le jambon de devant.	»	2	»
— derrière.	»	2	»
Le pied.	»	»	3
L'oreille.	»	»	6
La langue.	»	»	12
La livre de lard à larder.	»	2	»
Le couchon de lait.	»	6	»
L'oison gras.	»	6	»
Le chapon gras.	»	6	»
La poule grasse.	2	2	6
Le poulet.	»	»	12
Le pingeon (pigeon).	»	»	8
Le cony (lapin) de guarenne.	3	»	»
Le quintal de foin.	»	6	»
— paille.	»	2	»
Le moulle de bois de montaigne, 10 gros val.	»	20	»
La livre de chandelles.	»	2	»
La pinte d'huile de noix.	»	6	8
Id. navette.	»	6	8
Id. chenevis.	»	5	»
La livre d'huile d'olive.	»	2	»
Id. de sucre blanc fin.	»	10	»
Id. d'olives d'Espagne.	»	10	»
Id. — de Provence.	»	6	»
Id. de capres.	»	5	»

(1) Edit du 14 juillet 1551.

autres. Dès le commencement du XVe siècle, on avait fait des essais de pain ; on fit aussi des essais de viande. De ces derniers, qui durent se répéter bien des fois, il ne nous en est resté qu'un très-petit nombre. Celui de l'année 1574 fut entièrement rédigé par le vicomte-mayeur Bernard d'Esbarres, qui, comprenant dignement sa mission, ne dédaigna pas de diriger lui-même une opération si intéressante pour ses concitoyens. Il fit amener chez lui deux moutons achetés par un boucher moyennant 7 livres 10 sols, les fit saigner, parer et mettre en quartiers en sa présence. La viande, séchée, pesa 74 livres 14 onces, et le gras mis à part 11 livres seulement.

Il reconnut qu'en maintenant le prix de 2 sols par livre les bouchers devaient retirer de la viande seule 7 livres 9 sols 6 deniers ; à quoi, ajoutant la graisse, les peaux et la dépouille, la somme totale montait à 11 livres 11 sols 3 deniers ; ce qui leur produisait un bénéfice net de 4 livres 1 sol 3 deniers, *chose méritant prompte refformation*, puisqu'en taxant la viande à 1 sol la livre, les 74 livres 14 onces, avec la dépouille, revenaient à 7 livres 16 sols 3 deniers, somme supérieure au prix d'achat.

C'est pourquoi il proposa à la Chambre de ville de taxer la livre de mouton à 18 deniers ou 1 sol et demi, et celle de gras à 3 sols et demi, afin que le suif, n'excédant pas 20 livres le cent, la chandelle pût se vendre 4 sols et demi la livre. « Suivant laquelle estimation, termine le maire,
« la chair desdicts deux moutons se trouvera revenir à
« 5 livres 12 sols, le gras à 38 sols et demi. A quoy ad-
« jouxtant 20 sols pour les deux peaux et 12 sols pour les
« deux despouilles, l'on retirera desdicts deux moutons
« 9 livres 2 sols 6 deniers. De quoy distrayant 7 livres 10

« sols pour le pris de l'achapt, restera de proufit 32 sols
« 6 deniers, qui est pour chacun mouton 16 sols 3 deniers,
« qui est trois fois plus que le proufit que les bouchiers
« ont cy devant demandé pour chacun mouton » (1).

Quatorze ans plus tard, un nouvel essai eut lieu; mais le résultat en ayant été tout autre que ceux que l'autorité en attendait, en ce sens que le prix de revient dépassait celui exigé par les bouchers, la Chambre de ville (2) décida prudemment *qu'on n'en sonnerait mot*, et renvoya à l'étal la matière de l'expérience.

La taxe au poids ne fut point la seule entrave apportée à la liberté du commerce de la boucherie. Au milieu des guerres de religion, on vit naître dans notre ville deux institutions destinées à raffermir la foi catholique sans cesse battue en brèche par les huguenots : l'une toute spirituelle, les prédications d'Avent et de Carême, faites par des ecclésiastiques aux gages de la ville ; l'autre, au contraire, toute temporelle, la boucherie de Carême, c'est-à-dire le privilége exclusif accordé à un ou deux bouchers de vendre de la viande aux malades et aux infirmes, seulement depuis le mercredi des Cendres jusqu'à Pâques. Ceux qui en étaient chargés payaient une certaine somme aux pauvres et à la confrérie de Saint-Antoine. Attribué, dans le principe, aux jurés visiteurs du métier comme rémunération du temps qu'ils consacraient à leur office, ce privilége amenait des bénéfices qui furent bientôt convoités. On cabala dans le Bourg pour être visiteur, comme on cabalait dans la ville pour être maire ou échevin. Bref, cela donna lieu à tant d'abus, que, par la suite, la Chambre des Pau-

(1) Arch. de la ville, section G, Boucherie.
(2) Délib. du 8 novembre 1588.

vres, dans les attributions de laquelle la boucherie de Carême avait été placée, prit le parti de la mettre aux enchères publiques, et cela jusqu'à la Révolution, qui abolit cette coutume avec tant d'autres.

Mais revenons à la rue du Bourg. Dans ces temps de troubles religieux, où les débats animés de l'Hôtel-de-Ville, continués dans la rue, amenaient souvent des luttes entre les deux partis, le Bourg, quartier populeux, fréquenté par les gens d'église, était tout catholique, et la foi de ses rudes habitants s'exaltait encore au voisinage des huguenots cantonnés dans la rue des Forges. Cependant, s'il y eut entre eux des rixes ; si les *réformés*, retournant du prêche, y furent insultés : grâce à l'énergie des magistrats, nos annales n'eurent à enregistrer aucune sanglante catastrophe.

En 1587, le duc de Mayenne, gouverneur de Bourgogne, frappé des inconvénients d'un égoût découvert et d'une tuerie dans l'intérieur de la ville, prescrivit de convertir le cours du Suzon en aqueduc. L'abattoir fut rebâti vis-à-vis l'ancien, et la dépense couverte au moyen d'un octroi sur le sel. C'est celui qui existe encore aujourd'hui. Toutefois, il resta longtemps désert ; car, après la mort de Henri III, la guerre civile s'étant rallumée en Bourgogne, les faubourgs devinrent inhabitables, et les bouchers, tous dévoués à la Sainte-Union, se souciant peu d'être enlevés par les bandes royalistes, continuèrent l'abat dans la ruelle des Tueurs. Mais il arriva qu'à défaut de Dijonnais à rançonner, les ennemis firent main-basse sur le bétail, et ruinèrent ainsi les bouchers. La Sainte-Union les indemnisa, il est vrai, sur les biens des *réfugiés* (1). Leur ardeur li-

(1) On appelait ainsi les royalistes qui s'étaient retirés dans les places soumises à Henri IV. Le baron de Sennecey, lieutenant-général en Bour-

gueuse s'en accrut, et ils le firent bien voir lors du procès intenté à l'*antique mayeur* La Verne, accusé d'avoir voulu livrer la ville aux royalistes. Quand la tête du coupable tomba sur l'échafaud, un boucher la saisit, et porta ce sanglant trophée depuis la place de Morimond jusqu'à l'église Saint-Michel, où le corps fut inhumé (1).

gogne, approuva la mesure. (Lettre du 10 juin 1591. Corresp. munic., B, 22, vol. IX, n° 132.)
(1) Journal du conseiller Breunot.

CHAPITRE II.

Règlements imposés à la boucherie. — Assainissement du Bourg. — Tueries particulières. — Ouverture de la rue Brulart. — Tripiers, mesures prises contre eux. — Ouverture de la rue Condé. — Son influence sur le Bourg. — Le Bourg aux deux derniers siècles. — La Monnoye. — Piron. — Les chiens du Bourg. — B. Gagnereaux.—Vanniers. — La fête de Saint-Antoine. — Coutumes du quartier. — Fêtes diverses. — Reposoirs. — Fête de la naissance du Dauphin en 1729. — Rentrée du Parlement. — Révolution française; changements qu'elle apporte au Bourg. — Le maire Sauvageot. — Société populaire. — Dames de pique et royalistes. — Troubles de l'an V. — Muscadins. — Le Bourg depuis la Révolution. — La rue des Etioux. — L'épreuve du cadavre. — La rue Dauphine.

Interrompus durant la Ligue, les démêlés de la Mairie avec les bouchers recommencèrent aussitôt que l'administration, abandonnant la politique, s'occupa exclusivement des intérêts de la cité; les nombreuses ordonnances concernant le Bourg, rendues durant les deux derniers siècles, témoignent à la fois de son zèle à cet égard et du mauvais vouloir apporté par les bouchers à l'observation des règlements municipaux. Cette opposition, du reste, avait complètement changé de caractère. A la violence avait succédé une sorte de force d'inertie qui souvent paralysait les efforts de la Chambre de ville pour assainir le quartier et procurer aux habitants une nourriture abondante et peu coûteuse.

Le premier soin de la Mairie fut d'en écarter le marché au bétail. Après l'avoir tenu devant l'hôpital du Saint-Esprit, au Coin-des-Cinq-Rues, puis sur la place de Morimond, on le transféra définitivement au *Champ-de-la-Saussaye* (1), où il resta jusqu'en 1792. Il va sans dire qu'elle n'attendait pas chacun de ces changements pour réprimer les menées des bouchers vis-à-vis les marchands de bétail.

La rue du Bourg ainsi déblayée, les magistrats portèrent leur attention sur la préparation de la viande. Nous avons vu plus haut comment les malheurs des temps avaient nécessité la réouverture des tueries particulières; l'habitude en était si bien prise, que, jusqu'au milieu du règne de Louis XIV, on tua dans le Bourg du gros et du menu bétail. De leur côté, les tripiers exerçaient sans entrave tous les détails de leur métier. Bref, sauf un peu plus de propreté dans la rue, résultant du nouveau service du balayage, l'aspect général était tel qu'aux beaux jours de Philippe-le-Bon : aussi n'était-ce qu'un cri dans la ville. Déjà, en 1631, au début de cette peste dont les ravages nécessitèrent le renouvellement du vœu fait juste un siècle avant à la *bienheureuse sainte Anne*, le premier président du Parlement, M. Legoux de la Berchère, écrivait aux magistrats : *Le mal est votre boucherie; dispersez les bouchers par toutes les rues à ce nécessaires* (2).

Mais ce mal paraissait si enraciné, que souvent les magistrats désespérèrent eux-mêmes de l'extirper. Qui croirait, par exemple, que, dans le rapport des commissaires municipaux sur l'ouverture de la rue Brulart, en 1641, on

---

(1) Terrain situé entre l'Arquebuse et le faubourg Raines.
(2) Correspondance municipale. (Reg. XV, n° 73.)

mentionna tout au long qu'un des avantages de la nouvelle rue percée serait « de donner moyen à ceux du voisinage « de Saint-Jean d'éviter les périls auxquels ils se retrouvent « souvent par la rencontre des beufs et des vaches qui « s'enfuient de la boucherie par ladite rue de la Chapelotte « (Berbisey), où il y a eu plusieurs personnes blessées et « en péril, mesmement un nommé Demachy, qui naguères « y fut tué d'un beuf fuyant de ladite boucherie? » (1).

Cependant, vers le milieu du XVIIe siècle, les plaintes du public, les ordres réitérés du Parlement et de l'Intendance stimulèrent le zèle de nos édiles. La ferme résolution prise par la Chambre de ville de mettre fin à tous ces désordres surmonta à la longue tous les obstacles. La défense d'abattre du bétail rouge dans le Bourg s'étendit peu à peu jusque sur les moutons.

Si la situation des bouchers entre deux rues en rendait la surveillance facile, en revanche elle était à peu près impraticable chez les tripiers, qui, comme je l'ai dit plus haut, avaient petit à petit quitté les maisons des bancs pour établir leurs échaudoirs au fond de ces étroites et profondes maisons, du côté opposé, et là, à proximité du Suzon, s'y livraient à toutes leurs manipulations, sans se soucier de la santé publique. Déjà plusieurs arrêtés étaient restés sans effet, lorsqu'en 1667, sur les énergiques remontrances de *l'antique mayeur*, M. A. Millotet, avocat-général au Parlement, dont la maison, située rue Poulaillerie (2), touchait aux derrières du Bourg, la Chambre de ville fit défense aux tripiers de fondre la graisse, les cornes, et d'encombrer le cours du Suzon, sous peine de 50 livres d'a-

(1) Archives de la ville, section J. Voirie municipale.
(2) Aujourd'hui rue Piron, n° 23.

mende. Pour donner plus de force à la mesure, le rédacteur de l'ordonnance, commentant à sa manière la brève narration de l'incendie de 1137 rapportée dans le Cartulaire de Saint-Etienne, prétendit que cet incendie « provenait de ce que, le feu s'étant pris aux boucheries qui « pour lors étaient hors de l'enceinte de la ville, la flamme « provenant des suifs et des gresses s'éleva de telle sorte, « qu'elle passa par dessus les murailles et qu'il fut impos- « sible de secourir les maisons à cause de l'odeur insup- « portable desdites gresses » (1).

Six ans plus tard (2) elle renouvela cette même défense, avec menace aux délinquants de les poursuivre comme empoisonneurs publics. A la longue, de fréquentes visites, une surveillance continuelle amenèrent les choses dans l'état où elles sont encore aujourd'hui.

La plupart des embellissements de Dijon datent du règne de Louis XIV. Après la réunion de la Franche-Comté, la ville, cessant d'être frontière, put rejeter dans les faubourgs l'excès de sa population et créer ces vastes espaces nécessaires à la salubrité d'une grande cité. L'antique église Saint-Médard disparut d'abord pour faire place à la rue Saint-Michel; la place Royale, bâtie ensuite, absorba dans son pourtour la petite place Saint-Christophe, qui servait de débouché commun aux rues des Etioux et Porte-aux-Lions, pour gagner le Palais et la Sainte-Chapelle. Enfin, comme complément, on ouvrit en 1721, à travers l'îlot du Bourg (3), cette belle rue symétrique qui, jusqu'à

---

(1) Ordonnance du 19 août.
(2) Ordonnance du 16 août 1673.
(3) La rue de Condé emprunta dans son parcours la ruelle qui menait directement de la Porte-aux-Lions au Bourg; et depuis la rue du Bourg

1789, porta le nom des Condé. Ce tracé, qui décapitait le Bourg, amena peu à peu la transformation de cette partie de la rue ; l'alignement fut régularisé, et de belles façades en pierre remplacèrent les vieux pignons aigus à encorbellements, dont la base, soutenue par des piliers, formait naguère encore une manière de galerie couverte devant plus d'une boutique.

Si la Chambre de ville, au lieu de maintenir exclusivement pour la boucherie cette coutume du moyen-âge de parquer ensemble les gens d'une même industrie, avait au contraire, comme le bon sens, l'hygiène et la commodité des habitants le lui commandaient, aidé ou favorisé la dispersion des bouchers, elle aurait rendu un immense service à la cité ; elle pouvait, avec le concours puissant du Roi et des Etats, éloigner du Bourg ce foyer d'infection et conjurer ainsi les périls qu'elle-même reconnaissait. Disons-le nettement, la transformation du quartier est encore à ce prix.

Ces divers intérêts, on le comprend, touchaient aussi peu les bouchers que les autres habitants du Bourg, et, à part de rares tentatives d'établissement aux abords de la Poissonnerie, le plus grand nombre ne songeait nullement à quitter un quartier créé pour ainsi dire par eux et pour eux, toujours le plus commerçant de la ville, et sans sortir duquel on trouvait, comme encore aujourd'hui, de quoi satisfaire à tous les besoins de la vie (1).

---

jusqu'à son débouché dans la rue des Forges, vers l'ancien pont du Suzon, à l'issue de la rue Dauphine, une allée qui menait droit au cours du Suzon et qu'on appelait le *grand treige du Bourg*.

(1) Voir pour les temps anciens les rôles des tailles, et pour notre époque les recensements de la population.

Aujourd'hui les quartiers de la ville (*intra muros*) n'ont entre eux aucune différence marquée; on sent que toute une révolution a passé par là. Mais, avant 1789, la division en castes, entretenue par les corporations des métiers, les institutions locales, était fortement empreinte dans les mœurs de la bourgeoisie. A Dijon, ville parlementaire s'il en fut, et où toute tentative pour y acclimater une industrie avait constamment échoué, on ne voyait de commerce qu'au Bourg et aux abords des portes; le clergé, la noblesse, surtout la robe, occupaient le reste de la ville. Or, quiconque connaît la morgue qu'avait cette dernière, et la hauteur ridicule qu'affectèrent de tout temps certains métiers à l'égard de corporations moins relevées, comprendra à quelle distance ces gens-là devaient tenir les bouchers ainsi que les autres industriels du quartier du Bourg. Si ces derniers ne brillaient point par la politesse des manières et du langage, ils ne cédaient guère à leurs voisins en causticité, surtout en esprit naturel. Sous ce rapport, ils ont fourni au Panthéon dijonnais une de ses belles illustrations. L'auteur des *Noëi borguignon*, Bernard de La Monnoye, qui fut aussi un membre de l'Académie française, naquit, le 15 juin 1641, dans la maison tenue par le pâtissier Baron, son aïeul maternel, appelée l'auberge des *Trois-Dauphins et la Réjouissance*, dont le pignon, encore décoré d'une statuette de la Vierge, indique que là s'arrêtaient jadis les limites de la paroisse Notre-Dame (1). Les *bourrins* (c'est ainsi que se désignent les habitants du Bourg) pourraient même, jusqu'à un cer-

---

(1) Cette maison porte les nos 68 et 70; celle qui suit, sous le n° 72, a remplacé l'allée dite *le treige du Chandelier*, qui desservait l'auberge et allait jusqu'au cours du Suzon, derrière la maison Millotet.

tain point, revendiquer le même honneur pour l'auteur de la *Métromanie*, né pour ainsi dire à l'ombre de la rue du Bourg (1). Aimé Piron, son père, prit plus d'une fois les *bourrins* pour les héros de ses pièces burlesques, reproduction fidèle d'originaux vivants, qui jadis faisaient les délices de nos pères. On ne connaît plus que le titre de *Lai Comedie du Bâ du Bor*; mais *Guy Coniotte*, la cabaretière *Caimuson* (2), personnages de l'*Operar grionche, Bontan de retor*, portent le cachet du quartier. Il n'est pas, enfin, jusqu'aux chiens des bouchers, gardiens fidèles des bancs, et naguère encore si redoutés des malfaiteurs et des amoureux, qui n'aient eu leur part de célébrité; ils étaient passés en proverbe. Quand, aux deux derniers siècles, on voulait exprimer qu'un individu avait été bien rossé, on disait : Un tel a reçu *une lattrée que tout les chein du Bor ne l'y oteron pas*. L'abbé Petit, auteur du IV⁰ livre du *Virgille virai en borguignon*, fit allusion à ce proverbe, quand il mit ces mots dans la bouche de la sœur de la reine de Carthage :

> Prôve Didon, que vai-tu faire?
> Bé mau tu rainge tes aifaire;
> Les chein du Bor t'oteront-i
> Les mau qu'on te fait por iqui?

(1) Alexis Piron vint au monde le 7 juillet 1689, dans la maison qui fait l'angle de la rue Berbisey et de celle à qui on a donné son nom.

(2) Les cabaretières du Bourg ont toujours été célébrées par leurs chalands. Au XVIᵉ siècle, la *belle hôtesse* jouissait d'une grande faveur parmi les ouvriers et les étudiants. L'auteur anonyme d'un petit poème en patois bourguignon, écrit au commencement du XVIIᵉ siècle sur le *mairiage de Jacquemar*, disait qu'on voyait

> Tôt auprès de lu (Jacquemar) ene fanne
> Belle et bé grante et an bon point,
> Qui resanne lai leugne en plain.
> Son haibi ai lai pairisiene
> Elle resanne daime Helène
> Qui demaire au dessus du Bor,
> Qui fai fête de tô lé jor.

La Monnoye n'est pas la seule illustration à laquelle le Bourg puisse se vanter d'avoir donné naissance. Un autre de ses enfants, qui fut la gloire de notre école des beaux-arts, vint au monde le 24 septembre 1756, au fond d'une de ces maisons du dessus de la rue, desservie par l'allée qui sépare les n°s 9 et 11. Bénigne Gagnereaux, fils d'un pauvre ouvrier tonnelier, ne quitta sa rue natale que pour se rendre en Italie, où l'attendait la fortune et une renommée que la mort jalouse arrêta trop tôt pour son pays et pour la France.

Doué d'une figure charmante, d'un caractère aimant; ses manières douces, son amour filial, et ce qu'on savait dans le voisinage de sa vocation irrésistible pour les beaux arts, lui avaient attiré la sympathie de tous ceux qui le connaissaient. Aussi rien ne prouve mieux l'intérêt dont il fut l'objet de la part de ses compatriotes, que l'ovation qu'ils lui firent le soir du jour (1) où, dans la salle des Etats de la province, Gagnereaux fut proclamé vainqueur du premier concours ouvert pour le prix de Rome ; ses camarades l'avaient porté en triomphe ; le Bourg s'illumina comme par enchantement, et des danses animées marquèrent bruyamment la part que chacun prenait aux succès de l'enfant du quartier. Manifestations touchantes, dont l'expression était à la fois aussi douce pour le vainqueur et ses amis qu'elle devait flatter les créateurs d'une institution qui, à peine à son début, offrait déjà de si beaux résultats (2).

D'étroites relations unissaient les habitants du Bourg et

(1) 15 septembre 1776.
(2) Eloge historique de Bénigne Gagnereaux, par M. H. Baudot. (Mém. de l'Acad. de Dijon, 1843-1844, p. 173.)

les paysans du voisinage ; ceux-ci, qui y trouvaient similitude de mœurs et de langage, garnissaient régulièrement, aux jours de marché, les tables des rôtisseurs ou cabaretiers, qui ne firent jamais défaut au Bourg. Ils se seraient même fait scrupule ; non, ils auraient cru être trompés, en achetant ailleurs que dans ses boutiques. Aussi cette rue était-elle, à certaines époques de l'année, convertie en un véritable champ de foire, surtout depuis que les vanniers, abandonnant le voisinage des halles, étaient venus s'installer dans les caves des bouchers (1). Ceux-ci, non contents d'accueillir cette nouvelle industrie, l'admirent encore dans la confrérie, honneur qui, certes ! n'était point à dédaigner, car, indépendamment des mérites du patron, la confrérie de Saint-Antoine avait à Dijon la juste réputation d'être bien chômée. Ce jour-là, le 17 du mois de janvier, le Bourg présentait un aspect inaccoutumé ; point d'auvent relevé, point d'étalage : la rue était nette d'immondices et sans embarras. A onze heures, la cloche du quartier convoquait les confrères devant la demeure du bâtonnier, et bientôt une longue et joyeuse procession de bouchers, de tripiers, de rôtisseurs, de charcutiers, de grenetiers, de vanniers, tous en habits de fête, se rendait, précédée de ménétriers, à l'église Notre-Dame, entendre dévotement l'office solennel célébré dans l'antique chapelle Saint-Antoine (2) ; puis, le bâton installé cérémonieusement à sa nouvelle demeure, chacun se livrait au plaisir.

(1) Ils apparurent dans le Bourg vers 1670.
(2) Cette chapelle existait en dehors du portail, à droite en entrant. On distingue encore l'arcade qui y donnait entrée. Elle fut érigée par les bouchers en 1434, sous le règne de Philippe-le-Bon, dont les armes décoraient la voûte. Les attributs du métier qui ornaient l'autel étaient tout en vermeil. Cette chapelle fut démolie pendant la Révolution.

C'était liesse dans le Bourg. Chaque confrère, et le nombre en était grand, recevait amis et voisins; de telle sorte que toute la rue, sans distinction de métier, prenait part à la fête. Le culte de la *dive* bouteille, les joyeux propos furent toujours en honneur parmi ces artisans, où toute affaire ne se traitait que le verre à la main; et, chose singulière, chaque époque eut dans ce genre son type particulier. Toutefois, cette faiblesse, bien pardonnable à de pauvres gens dont c'était le seul plaisir, se rachetait par de nobles qualités. « La franchise et la cordialité régnaient parmi eux, « raconte un homme dont la jeunesse se passa dans la rue « du Bourg (1); on se disputait souvent, on ne se brouil- « lait jamais. Ce quartier était comme interdit aux huis- « siers et aux recors; celui qui devait prenait terme et ne « manquait pas de s'acquitter. » La fraternité, l'assistance mutuelle, dont on parle tant aujourd'hui, mais qu'hélas on ne pratique guère! étaient journellement exercées dans le Bourg. Le riche avait toujours sa bourse ouverte aux besoins d'un voisin moins favorisé des dons de la fortune; entre eux la parole suffisait. Y avait-il un malade? chacun offrait ses services. Une femme accouchait-elle? le mari pouvait se dispenser d'aller à la Mairie réclamer l'exemption momentanée du logement militaire accordé en pareil cas: un voisin l'avait prévenu. Enfin, en toute circonstance, on se rendait ces mille petits services de bon voisinage, précieux surtout pour des artisans, auxquels toute perte de temps est préjudiciable; et cela se faisait simplement, sans façon et dans le seul but d'obliger. Les *bourrins* brillaient

---

(1) François Marlin, dit Milran; ouvrage intitulé : *Jeanne Royez, ou La bonne Mère.* Paris, 1814, 4 vol. in-8º.

aussi par la charité. Issus la plupart de pauvres artisans, habitant un quartier dont les profondeurs recélaient bien des misères, le pauvre ne les implorait jamais en vain, et cette réputation qui, disons-le en passant, n'a point dégénéré chez leurs descendants, était si bien établie, que, dans un temps où le régime des prisons était pour ainsi dire livré à l'arbitraire, les archers conduisant des prisonniers à la conciergerie se détournaient exprès pour traverser le Bourg, sûrs qu'ils étaient de voir d'abondantes aumônes adoucir la position de ces malheureux.

Ces diverses coutumes n'excluaient point celles dont la malice et la grosse gaîté faisaient tous les frais. Ainsi, les sols fichés en terre, les poissons d'avril, les bouquets de sauge aux amants éconduits, y étaient en grande faveur, de même que les queues d'animaux accrochées aux habits des passants. Le mari battu par sa femme au mois de mai était certain de voir sa mésaventure publiée par un voisin monté à rebours sur un âne; si une infidélité avait causé la querelle, une chèvre suivait l'âne. Quand un mariage avait lieu, de mauvais plaisants, profitant de l'usage reçu d'embrasser la mariée au seuil de la maison nuptiale, approchaient d'un frais visage leur face barbouillée de rouge ou de noir, dont on effaçait bien vite la trace au milieu d'immenses éclats de rire. Si le mariage était ridicule, quel abominable charivari il provoquait! mais, si la fiancée jouissait d'une réputation équivoque, l'amas de cornes que le mari trouvait le lendemain à sa porte lui donnait brutalement l'avis de se tenir sur ses gardes.

La Saint-Antoine n'était pas la seule fête chômée dans le quartier du Bourg : la Saint-Martin, les Rois, Carnaval, Pâques ne se passaient point sans donner lieu à de joyeux festins. Mais Noël était la fête populaire par excellence ; les *écraignes* tenues dans les caves, les sérénades des menestriers de la ville durant l'Avent, y disposaient les esprits. La veille, on allait visiter les crèches élevées en divers endroits de la ville ; puis, de gaies réunions de famille, groupées autour du foyer où brûlait la *sûche* traditionnelle, attendaient, en chantant les *Noeî vieu et noveâ*, l'heure solennelle de la messe de minuit, annoncée dans ces temps par les cloches des trente-cinq églises de la ville. Celle-ci était invariablement suivie du Réveillon, dont la chair de porc avait fait tous les frais. La Fête-Dieu, la procession de la Sainte-Hostie étaient aussi des jours mémorables dans les annales du Bourg ; ses habitants, qui ne pouvaient, comme dans les quartiers riches, orner leurs reposoirs de riches tapis, d'étoffes précieuses ou de pièces d'orfèvrerie, y suppléaient par la verdure amenée de loin par les bouchers, mis pour ce en réquisition, et l'emportaient souvent à force de fraîcheur, de bon goût et de simplicité.

Cette rivalité entre quartiers se manifestait surtout aux fêtes politiques, bornées alors aux mariages, aux naissances des princes, ou aux publications de paix. Dans ces occasions, le Bourg ne restait jamais en arrière ; il le prouva surtout en 1729, lors des réjouissances qui fêtèrent la naissance du Dauphin, fils de Louis XV, et qui durèrent deux mois entiers. Les *bourrins* convertirent leur rue en une allée couverte de charmille, pavoisée de festons, d'arbustes, d'armoiries ; ils tapissèrent leurs boutiques, et chaque soir une brillante illumination y attirait la foule avide de contempler une telle métamorphose. Le 15 septembre, les bouchers se mirent sous les armes ; ils habillèrent *galamment* en bergères les deux plus jolies filles du quartier, et tous, musique en tête, allèrent offrir au comte de Tavanes, lieutenant-général de la province, un agneau orné de rubans et de guirlandes ; la jeune bergère qui portait la parole termina son compliment en le priant d'honorer de sa présence le festin qui se préparait. Ce festin avait des proportions homériques : des veaux, des moutons rôtissaient tout entiers dans la rue, au grand ébahissement des curieux ; les tables étaient dressées sous la feuillée ; on juchait les tonneaux à portée des buveurs ; bref, c'était un pêle-mêle, un joyeux tohu-bohu, avec accompagnement de tambours et de hautbois, qui rappelait la kermesse flamande. Le soir, M. de Tavanes voulut être témoin de ces plaisirs. « Mme de Tavanes y « mit le comble en les animant elle-même, et c'est, dit le « narrateur auquel nous empruntons ce récit, principale-« ment à sa présence et à l'excellent vin qu'elle envoyait « en profusion, que ceux qui se donnaient ainsi en spec-« tacle durent la vivacité de leurs réjouissances. » Ajoutons qu'en gens reconnaissants, les *bourrins* offrirent à Mme de Tavanes, par les mains de la jeune bergère, un bouquet aussi galant que magnifique (1).

La rentrée du Parlement, en octobre 1788, donna lieu à des fêtes empreintes d'un vif enthousiasme. Le char de triomphe, ornement principal de la fête, ne permettant pas la décoration habituelle en guirlandes et festons, on y suppléa par des transparents emblématiques avec légendes latines ou françaises. Sous ce rapport, le Bourg, grâce à ceux de ses enfants qui suivaient les cours du collège Go-

---

(1) Relation des réjouissances faites à Dijon pour la naissance de M. le Dauphin. Dijon, Sirot, 1729, in-4º.

Relation des réjouissances qui se sont faites à Dijon à la naissance de M. le Dauphin. Dijon, A. Defay, 1729, in-4º.

dran, ne céda en rien aux autres quartiers de la ville. Les deux langues latine et française se disputaient les transparents allégoriques qui décoraient les maisons Joanne et Rémond (1).

Quatre ans après, la Révolution, que cette fête même semblait présager, engloutissait parlements et monarchie. Dans ce grand naufrage de la vieille société française, les *bourrins*, s'ils gagnèrent en droits politiques, perdirent cependant ce bon accord, cette antique confraternité auxquels ils durent bien des jouissances. Les passions politiques firent irruption dans le quartier et le divisèrent en deux camps. Des bouchers lésés dans leurs intérêts, des marchands effrayés des tendances nouvelles, gardèrent seuls leurs anciennes sympathies. La masse, au contraire, embrassa avec ardeur le parti de la Révolution. C'est dans

---

(1) Journal de ce qui s'est passé à Dijon à l'occasion de la rentrée du Parlement, etc. A Dijon, 1789.

« Celui placé chez le sieur Joanne, négociant (n° 20), représentait le « temple de la Justice surmonté des armes de la France entourées de « glaives ; plus haut était en relief une Renommée sonnant de sa trom-« pette, sur laquelle étaient écrits ces mots : *Accurrite et lætamini*. Au « milieu du temple, on voyait Thémis foudroyant deux figures allégo-« riques, l'une sous la forme d'un dragon volant, et l'autre sous celle « d'un démon ailé. A l'extérieur du temple étaient treize étoiles figurant « les treize Parlements, avec cette inscription : *Ne timeatis amplius ;* au-« dessous du transparent étaient peintes les armes de la ville avec cette « inscription : *Felicitati publicæ dedicatum.* »

Celui qui surmontait la porte du sieur Rémond, marchand (n° 50), représentait aussi une Renommée qui publiait les bienfaits de Louis XVI et qui tenait d'une main le portrait de ce prince. Sur la légende était ce vers latin :

Non illo melior quisquam nec amantior æqui.

Au bas, on lisait ces vers :

Peuple heureux, quel tendre hommage
Devez-vous au meilleur des rois !
Votre bonheur est son ouvrage,
Il vient de rétablir les lois.

une boutique du Bourg (1) qu'en décembre 1792 les suffrages des électeurs vinrent chercher le chapelier Sauvageot pour le placer à la tête de la municipalité dijonnaise. C'était au-dessus du Bourg, dans l'auditoire même du bailliage, que s'assemblait la société populaire où plus d'un *bourrin* fit entendre des motions patriotiques. Toute la jeunesse avait, au premier cri de la patrie en danger, couru grossir ces héroïques bataillons qui illustrèrent notre département. Les femmes prirent aussi leur part de l'effervescence générale ; quelques-unes des plus enthousiastes figurèrent dans les cérémonies comme *dames de pique*. En 1815, leurs voisines de l'autre parti prirent leur revanche. Toutefois, hâtons-nous de le dire, les haines n'y furent jamais bien vives. Les tièdes subirent quelques visites domiciliaires ; deux ou trois furent portés sur la liste des suspects. En somme, on n'eut à déplorer aucun excès. Par exemple, les Jacobins du lieu chansonnèrent leurs adversaires politiques, qui le leur rendirent après le 9 thermidor.

Durant les dissensions qui éclatèrent sous le Directoire, et dont à Dijon le théâtre fut la place d'Armes, on vit chaque soir des bandes, ralliées au chant de la *Marseillaise*, déboucher du Bourg à l'encontre des *habits quarrés*, chantant, eux, le *Réveil du Peuple*. Les mêmes se signalèrent aussi, en l'an V, dans les troubles que provoqua la représentation d'une pièce de théâtre intitulée la *Pauvre femme*, et dans lesquels un homme fut tué.

Longtemps les *muscadins* n'osèrent s'aventurer dans le Bourg. L'animation y était grande ; ils y eussent couru le

---

(1) Maison n° 74.

risque d'y laisser leurs pans d'habits et la pointe exagérée de leurs bottes. Peu à peu cependant le calme revint dans les esprits ; les partis, lassés, s'apaisèrent ; l'Empire arriva, et avec lui une tranquillité plus parfaite. On vit alors reparaître au Bourg quelques-unes des anciennes coutumes, mais seulement les plus burlesques. Un événement quelconque arrivait-il, une noce, un personnage singulier ou ridicule s'engageaient-ils dans la rue, un coup de corne, signal convenu, partant du premier banc, faisait courir tout le monde aux portes. L'ivrogne assez mal avisé pour affronter le Bourg se voyait raillé par les grands, harcelé par les petits, heureux quand il en sortait les vêtements en désordre et souvent enjolivés d'ornements empruntés à l'étal d'un tripier.

Si les bouchers faisaient le plus bel ornement de la promenade du bœuf gras dans ces fêtes de Carnaval si brillantes à Dijon sous l'Empire et les premières années de la Restauration, c'est aussi du Bourg que sortaient ces immondes lavandières, ces masques hideux fagotés de haillons sans nom, qui, réunis en bandes, parcouraient la ville en débitant Vadé, avec les enjolivements du crû, au grand plaisir de la foule.

Un tradition à laquelle les *bourrins* furent longtemps fidèles fut celle de se donner entre eux des sobriquets. Le sexe lui-même n'était point épargné dans ces désignations moqueuses, presque toujours empruntées soit à un défaut, soit à une aventure, souvent à un caprice. Aujourd'hui, et avec raison, ces qualifications ont disparu ; mais, il y a une trentaine d'années, florissaient encore, à côté du *Grand* et du *Petit-Saint-Jean*, du *Pèlerin-Blanc*, de *Dom Grognard* et de *Triquard*, la *Dent-Cruelle*, *Cascarine*, la *Grand'*-

Gueule, la *Rousse*, etc., etc. — J'en passe, et des meilleurs.

Mais la Révolution avait frappé d'un rude coup toutes ces vieilles coutumes : chaque jour voyait de plus en plus pâlir l'ancien esprit du Bourg; la dispersion des bouchers, leur remplacement par de nouveaux industriels, les divisions politiques y contribuèrent singulièrement. Bientôt c'en fut fait de ces longues et joyeuses causeries qui, durant les soirées d'été, réunissaient les voisins sur les portes; de ces jeux, de ces danses auxquelles, sans arrière-pensée, prenait part toute la jeunesse du quartier. L'esprit d'isolement, caractère particulier de notre époque, la corruption des mœurs achevèrent d'anéantir ces souvenirs des mœurs d'un autre âge. Le commerce de la ville, prenant un rapide accroissement, porta aussi un grand dommage à celui du quartier, en ce sens que les paysans, familiarisés avec les beaux magasins dont Dijon s'émaillait, restreignirent d'autant les emplettes réservées jusque là au Bourg. Toutefois, s'il perdit le monopole de la boucherie, il conserva celui de la vannerie et de la grosse chaussure, deux industries qui s'emparèrent des bancs abandonnés. Quant aux tripiers, comme ils avaient de bonnes raisons pour craindre un changement de résidence, ils profitèrent du bénéfice que leur assurait une longue possession, et continuèrent d'empoisonner le quartier. En 1820, il s'éleva un tel concert de plaintes contre ceux qui, au mépris des ordonnances municipales, avaient établi leurs échaudoirs dans la rue des Etioux, que le maire leur prescrivit la construction, à leurs frais, d'un aqueduc sous la rue Dauphine, pour déverser dans le Suzon les débris de leurs ateliers (1).

(1) Cet aqueduc a été démoli lors de la canalisation du Suzon.

LA RUE DES ÉTIOUX.

Le nom de ces deux annexes du Bourg nous amène à parler ici des modifications qui les amenèrent toutes deux dans l'état où nous les voyons aujourd'hui.

On a vu plus haut comment la rue des Etioux, après avoir été le fossé du *Castrum*, devint ensuite l'abattoir des bouchers. Aussi l'appelait-on indifféremment *rouelle tirant de la porte aux Lions par derrière la rue de la Boucherie; rolotte de la Boucherie*, ou *ruelle des Tueurs*. La portion en retour d'équerre sur la rue du Bourg portait le nom de *ruelle des Trois-Rois*, et servait aussi de dégagement au prolongement de la ruelle des Etioux, aujourd'hui supprimée, qui gagnait la rue Portelle (rue de l'École-de-Droit). La rue des Étioux était alors, suivant les titres, une ruelle étroite, irrégulièrement bordée de masures dont plusieurs communiquaient entre elles par dessus la rue, et qui, quand elles ne servirent plus d'étable aux bouchers, abritèrent de misérables familles. Les religieuses Jacobines, ayant acquis vers la fin du XVIIe siècle toutes celles joignant leur couvent, obtinrent de la Mairie l'autorisation de les comprendre dans leur enclos, sous la condition d'en abandonner une partie pour élargir la voie publique.

Longtemps cette rue fut un abominable cloaque où s'entassaient les débris des viandes et les ordures des maisons. Durant les troubles de la Ligue, les possesseurs des *mai-*

sons arcades, profitant des préoccupations des magistrats pour les affaires politiques, et d'ailleurs peu surveillés dans cette ruelle, considérée plutôt comme une dépendance de la boucherie que comme une voie de communication, barrèrent ces arcades et convertirent la ruelle en deux impasses. La portion la plus considérable garda le nom de *ruelle des Tueurs*; l'autre, celle qui aboutissait à la rue Saint-Christophe, plus tard sur la rue Condé, fut appelée tantôt *ruelle de Mouhy*, à cause de la maison du sieur de Mouhy, située à l'angle du débouché (1), tantôt *ruelle des Tueurs*. Vers 1752, on changea le nom de Mouhy en celui de Nuits (2). Le plan de Dijon levé en 1759, ne tenant pas plus de compte des bancs du Bourg que des usurpations sur la rue des Étioux, et peut-être obéissant à quelques suggestions de la Chambre de ville à l'endroit des améliorations projetées et sans cesse réclamées pour ce quartier, supprima les bancs d'un côté et constitua la rue des Étioux comme elle ne le fut que cinquante ans plus tard, c'est-à-dire quand la Mairie, ayant acheté de M. Micaut de Corbeton le terrain nécessaire, eut remis les deux segments de rue en communication directe.

Deux mots maintenant sur ce nom des *Étioux*, qui depuis longtemps exerce les étymologistes dijonnais. *Étioux* est la corruption du mot *tueurs*. En voici la preuve, tirée des anciens titres :

    En 1480, c'est la rue des Tueurs (abattoirs).
    1535   de la Vieille-Tuerie.
    1577-1701   des Tueurs.

---

(1) Titres de la maison rue du Bourg n° 15.
(2) Pavé de Dijon, 1752.

En 1670, c'est la rue des Estuaux.
 1673   des Estuots.
 1694   de la Tuerie.
 1715   des Estueux.
 1740   des Étieux.
 1760   des Étioux.

Avant d'en finir sur cette rue, qu'on me permette de placer ici le récit d'un événement tragique qui y arriva sous le règne de Louis XI, et dont les circonstances nous montrent quelles étaient à cette époque les croyances de nos pères à l'endroit des crimes secrets.

Le 22 du mois de juin 1481, Jean Petit, varlet du boucher Coulot, s'étant rendu après le dîner au lieu appellé *le Tueur* ou l'Abattoir, un instant après on le trouva la face contre terre, la gorge coupée, et noyé dans son sang. Malgré les secours qui lui furent prodigués, il expira sans pouvoir proférer une seule parole. La justice de la ville, mandée sur les lieux, avait déjà reçu les dépositions des témoins, dépositions qui, pas plus que la déclaration des jurés barbiers, n'apprenaient rien sur le crime, lorsqu'un ancien barbier, Jehannin Louhecte, expert *des choses sur fait de murdres* (meurtres) *secrets*, arrêtant une femme et deux bouchers qui voulaient ensevelir le cadavre, les invita au contraire à n'en rien faire. Il dit à la femme *de se donner garde, si aucune personne venoit veoir ledit corps mort, si la playe qui ne saingnoit plus se prenoit à saigner*; de bien remarquer cette personne. En effet, arrivèrent deux soldats de la garnison de Talant, connus dans le quartier comme pratiques assidues d'un rôtisseur. Ils étaient armés l'un d'un *voulge* (épieu), l'autre d'une épée à deux mains. A peine étaient-ils entrés *que la playe se prinst treffort à saingner*.

Celui qui portait l'épée invita l'assistance *à laver le corps affin qu'il alast nettement devant Dieu;* lui-même, joignant l'exemple au précepte, approcha un *soillot;* mais on eut beau laver, la plaie continuait à saigner si fort qu'*il convint la fermer d'étouppes.* Ils se retirèrent en disant que le corps avait reçu *deux mauvais cops,* et promirent de faire dire deux messes pour le repos de son ame. Les soupçons étaient déjà fort éveillés, quand la déposition d'un confrère du défunt vint en quelque sorte leur donner l'apparence de la réalité. Aux premiers cris qui avaient dénoncé la catastrophe, il avait heurté dans la ruelle *qui des tuheurs descend à la boucherie* un gendarme désarmé *qui estoit bien effrayé, échauffé, rouge, l'air esgarez,* comme celui d'un homme *venant de jouer ou de quelque effroy;* le lendemain, il avait rencontré au Bourg le même individu, alors armé d'un *voulge* et qu'il reconnut parfaitement à la verrue garnie de longs poils qu'il avait au col. Il était accompagné d'un sien camarade portant une épée, et tous deux s'entretenaient de l'événement de la veille; ils disaient qu'*ils sçavoient bien que cestoit de copper gorges, qu'ils en avoient veu copper, et que la gorge du varlet avoit été coppée à deux fois.* Ce jeune compagnon alla même plus loin. Connaissant les deux gendarmes pour de *maulvais garnements et ne possédant pas un niquet,* il supposa que ces deux soldats n'ayant point de chevaux pour *aller en guerre,* et sachant que Coulot en avait deux beaux à vendre, se seraient glissés dans l'étable voisine du *tueur,* à l'heure du dîner, dans l'intention de dérober les chevaux; que, surpris par le varlet, ils l'égorgèrent avec son propre couteau, pour faire croire à un suicide (1).

(1) Arch. de la ville, section C, Procès criminels.

Ces conjectures étaient-elles fondées? C'est ce que nous n'avons pu connaître, attendu que les inculpés étant justiciables du gouverneur de Bourgogne, c'est à lui que la Mairie dut renvoyer l'affaire.

LA RUE DAUPHINE.

La rue Dauphine était, avant le percement de la rue de Condé, l'unique chemin des habitants du quartier de la porte Guillaume pour se rendre au Bourg. Au XVe siècle, on l'appelait *ruelle du Bourg sur Suzon*, puis *ruelle du Dauphin*, à cause de l'hôtellerie de ce nom, une des plus renommées de la ville, qui y avait une de ses entrées (1). Une autre ruelle, désignée sous le nom de *Tatepoire* ou du *Poirier*, confinait cette même hôtellerie du côté du nord, et reliait le Bourg et la ruelle du Dauphin (2). A la suite, cette dernière ruelle prit le nom de *Dauphine*. En l'an II de la République, les citoyennes du quartier, trouvant que ce nom rappelait trop vivement la famille *du dernier tyran*, obtinrent du conseil de la commune qu'elle s'appelât *rue des Sans-Culottes*. L'année suivante on changea ce nom

---

(1) La façade principale de cette hôtellerie, qui regardait trois rues, était sur celle du Bourg. Son emplacement est occupé aujourd'hui par les maisons numérotées 18 et 20.

(2) Cette ruelle, aujourd'hui réduite en un passage étroit, tirait son nom d'Humbert Tatepoire, valet de chambre, fruitier du duc Philippe-le-Hardi, qui y avait sa maison.

en *rue Traversière*, qu'elle garda jusqu'à la Restauration, qui lui rendit son ancien nom, qu'elle a depuis toujours conservé. Dans le principe, cette ruelle, considérée comme une dépendance des maisons du Bourg, était bordée le long du Suzon de murs de quai, lesquels disparurent quand, par ordre de Mayenne, le Suzon fut converti en aqueduc. L'arcade qui y donne entrée date de cette époque. Comme alignement, cette rue est encore plus irrégulière que la précédente, et, comme elle, débouche dans le Bourg en retour d'équerre. Ses deux issues étaient fort étroites; celle aboutissant à la rue de Condé a été interdite aux voitures; l'autre a été élargie par voie d'alignement, à une époque peu éloignée de nous.

CONCLUSION.

—

La moderne administration municipale, on lui doit cette justice, s'occupa des bancs et de la salubrité du Bourg autant que le lui permirent les limites de son pouvoir et les ressources de son budget. Dans l'impossibilité pour elle d'acquérir les maisons des bancs, elle seconda du moins, autant qu'il fut en elle, les tentatives particulières dirigées vers ce but. Ainsi, de 1835 à 1837, le propriétaire de l'ancien couvent des Jacobines ayant demandé l'autorisation d'ouvrir à travers le Bourg une communication entre les rues Bossuet et Vauban, le Conseil accéda à toutes ces propositions, et, sans une faillite qui fit échouer le projet, le Bourg se trouvait à la veille d'être métamorphosé (1). Toutefois, l'opinion publique s'en était émue, et, cinq ans après, une circonstance favorable s'étant présentée, le Conseil municipal, qui déjà, par une juste prévoyance, avait enveloppé ce quartier d'une ceinture de bornes-fontaines, acquit la maison n° 39, la fit démolir, et coupa en deux cet infect foyer d'incendie. Aujourd'hui, de belles maisons

---

(1) Le monastère des Jacobins ayant été supprimé vers la fin du siècle dernier par suite de mauvaise gestion, la ville acquit des créanciers tout l'enclos du couvent, dans le dessein d'y bâtir la salle de spectacles. Des deux projets de construction qui furent soumis à la Mairie par l'architecte Cellérier, un consistait à établir cette salle vis-à-vis le Palais des Etats, sur l'emplacement même de la rue Vauban ; l'autre, au contraire, la plaçait dans l'enclos même du couvent. Mais, chose digne de remarque, on voit dans les deux projets que des mesures avaient été prises pour continuer la rue Dauphine à travers le Bourg jusqu'à la place Saint-Fiacre (rue Vauban), à l'effet de servir de dégagement au nouvel édifice et de contribuer à assainir cette partie de la ville.

ont remplacé deux de ces cloaques; mais, que l'administration municipale le sache bien, si le danger est atténué pour le côté oriental, il est resté tout entier du côté opposé, aboutissant, comme on sait, sur le cours du Suzon. Là, je n'exagère point, si jamais un incendie vient à se manifester au fond de ces longues et étroites maisons imprégnées de graisse depuis des siècles, l'îlot entier risquera une totale destruction.

Un abattoir général doit bientôt s'élever. Espérons que nos édiles profiteront de la circonstance pour supprimer enfin les causes permanentes d'infection que le centre de la ville subit depuis tant de siècles. On a toujours dit que le Suzon, les bancs et la triperie s'opposaient à toute amélioration dans le Bourg. Le Suzon est canalisé : on en connaît maintenant les avantages; les bancs, qui d'ailleurs n'ont plus de raison d'être, sont coupés, et, si la spéculation s'en mêle, ils disparaîtront bientôt. Restent donc les tripiers, et tout le mal avec eux. Or, nous le répétons, outre la santé de près de 1,200 ames dont se compose la population du Bourg (1), il importe à l'honneur de Dijon qu'un semblable état de choses disparaisse, et que l'étranger qui visite notre ville ne s'étonne plus de voir une pareille sentine subsister au centre de la cité, aux portes mêmes du splendide Hôtel-de-Ville dont nous sommes tous, à bon droit, si fiers.

(1) D'après le recensement de 1851, la rue du Bourg renferme 848 habitants, la rue Dauphine 194, et la rue des Etioux 116. En tout, 1,158.

FIN.

www.ingramcontent.com/pod-product-compliance
Lightning Source LLC
LaVergne TN
LVHW021004090426
835512LV00009B/2060